Explorando
os mistérios da
Adoração

DESCUBRA O VERDADEIRO SIGNIFICADO E PROPÓSITO DA ADORAÇÃO ESPIRITUAL

LAMAR BOSCHMAN

Editor responsável: LaMar Boschman
Título original: Exploring the Mysteries of Worship
Tradução: Renato Marinoni
Revisão: Geuid Dib Jardim
Capa e diagramação: Rebeca Marinoni

DEDICATÓRIA

Este livro é dedicado à Ana Paula Valadão Bessa por sua incansável busca e desejo de ver as pessoas virem para o Reino de Deus e se tornarem Seus adoradores e àqueles que adoram ao Senhor Jesus Cristo em português ao redor do mundo, que o Pai tem procurado como Seus adoradores. Eu oro para que você O agrade em sua adoração e dê a Ele seu melhor e mais alto louvor.

PREFÁCIO

Adorar é mais do que uma prática religiosa semanal que pessoas religiosas exercem dentro de um templo. Adorar é a razão de existirmos! Mesmo quando as pessoas não têm consciência disso elas vivem para adorar. Ou adoramos ao Deus que nos criou e nos reconciliou Consigo mesmo por meio do Seu filho Jesus Cristo, ou adoramos a falsos deuses. Quando adoramos a outros que roubam o lugar de honra que somente Deus merece em nossos corações existe um rombo, um vazio, uma insatisfação constante que assola a maioria dos seres humanos.

Por meio de Jesus o Pai celestial abriu o caminho para que pudéssemos entrar com ousadia diante do trono de Sua graça. Por causa da Cruz de Cristo adorar se tornou uma resposta de amor ao Deus que não nos chama para sermos apenas Seus servos, mas Seus filhos. Ele nos atrai para um relacionamento pessoal, mais do que rituais religiosos vazios. Ele nos chama para sermos autênticos e verdadeiros, para expressar nossos sentimentos, pensamentos, angústias e alegrias diante dEle. Adorar a Deus se torna um estilo de vida para aqueles que O amam e buscam em todo tempo agradá-Lo e alegrar Seu coração.

LaMar Boschman é uma das maiores autoridades no ensino do assunto da adoração dos nossos dias. Seu dom de Mestre fez com que seus escritos e palestras abençoassem milhares e milhares de pessoas nos Estados Unidos e ao redor do mundo. É com muita alegria que recomendo este livro, traduzido e preparado especialmente para esta edição na língua Portuguesa. Tenho certeza de que é chegado o tempo de levantar a adoração do povo brasileiro a um nível de excelência ainda maior, como nosso Deus merece. Vamos aprender mais sobre a adoração que Deus aceita, sobre o Deus a quem adoramos, sobre como devemos expressar nossa adoração e muitos outros temas relevantes abordados com maestria por esse adorador que é referência para mim e para muitos que há décadas bebem de suas águas.

Com orações pelos adoradores da amada pátria brasileira, e pelos de língua portuguesa espalhados ao redor do mundo,

Ana Paula Valadão Bessa
Diante do Trono

SUMÁRIO

INTRODUÇÃO

Você já se perguntou alguma vez "O que Deus pensa da minha adoração?"? Quando você adora, como você sabe se está *realmente* adorando a Deus? Você reconhece a verdadeira adoração? Você pode explicá-la com clareza a outra pessoa? Durante o curso deste estudo, você fará algumas descobertas animadoras que vão renovar e trazer poder à sua adoração a Deus. Você encontrará um novo nível de intimidade na presença de Deus através da adoração.

A CONFUSÃO

Quando a maioria dos cristãos ouve a palavra "adoração", automaticamente a associam com cantar uma canção. A verdade é que adoração tem muito pouco a ver com música. Adoração não é o ato de tocar um violão ou cantar uma canção. Adoração não é música, arte ou oração. Não é dar uma oferta ou seguir uma forma litúrgica. Embora tudo isso possa ser expressão de adoração, não são a adoração em si.

Então, as perguntas continuam: "O que é adoração?", "Qual é a essência e substância da adoração espiritual?".

O MISTÉRIO

A adoração a Deus é misteriosa e de difícil definição. Ela é singular, inexplicável, sem solução, ímpar, peculiar e mística. A adoração não é mecânica, carnal, sistemática, metodológica ou formatada. Não é pré-arranjada, ordenada, preparada, controlada, estruturada, lógica, racional ou sensível.

A adoração é espiritual. É bruta, não tratada, não sofisticada. É natural e, ainda assim, sobrenatural. Adoração também é relacional. Diz mais sobre quem você ama, com quem você está conectado e se importa mais com o que você é do que com o que você faz. Trata-se de relacionamento com o grande Deus do Universo, impossível de definir e compreender.

Adoração não é ciência ou algo programado. Você não pode se aproximar dela intelectual ou racionalmente. Adoração é mais orgânica. Tem a ver com sentimentos, atitudes e coisas espirituais; simplesmente não pode ser intelectualizada.

A DESCOBERTA

Embora a adoração seja algo intangível, tem facetas que podem ser descobertas e experimentadas. Você encontra a alegria de uma expressão maior de adoração quando tem um encontro fresco na presença de Deus.

Adoração pode ser expressada em reverência, beijos, prostração, serviço, canto espontâneo e muito mais. Mesmo depois de quarenta anos estudando e escrevendo sobre adoração, eu não encontrei o fim de suas possibilidades. Adoração é como o amor que alguém tem por seu cônjuge. Quanto maior o tempo de casado, mais profundamente o amor cresce, enquanto eu descubro novos sentimentos e expressões para ele.

O DESAFIO

Elaborar um estudo simples e conciso de algo que é um mistério certamente não é fácil. Muitos cristãos têm gastado suas vidas inteiras lutando com essas questões – "O que Deus pensa da minha adoração?", "Como eu adoro a Deus verdadeiramente?". Portanto, o que é a verdadeira adoração e como posso explicá-la? Eu creio firmemente que adoração é um dos assuntos mais animadores que um cristão pode estudar.

Há muitas formas de tentarmos definir adoração.

1. Nós podemos começar examinando a primeira vez em que ela é mencionada na Bíblia.

2. Nós podemos estudar a derivação da palavra "adoração".

3. Nós podemos estudar as palavras em grego e hebraico mais usadas para adoração e, então, avaliar a frequência com que cada palavra é usada.

4. Nós podemos ler o que nosso Pai Celestial, ou Jesus, através do Espírito, nos disseram sobre adoração.

5. Nós podemos pesquisar o que os apóstolos disseram sobre adoração.

6. Nós podemos ver como os santos no Novo Testamento adoraram.

7. Nós podemos olhar para a adoração no

tabernáculo, no templo e nas sinagogas.

8. Nós podemos descobrir como a adoração se desenvolveu ao longo da história.

9. Nós podemos até mesmo ter um relance da adoração no céu.

Estes seriam estudos significativos e recompensadores. Através deste estudo, nós vamos explorar o *quem*, o *que*, o *onde*, o *quando*, o *por que* e o *como* da adoração. Minha oração é para que você tenha um encontro fresco com a presença de Deus, que sua adoração seja renovada e que você descubra a alegria de uma expressão maior de adoração.

LaMar Boschman

CAPÍTULO 1

CONECTADO

"Adoração é um desejo universal, colocado em nós por Deus no mais profundo do nosso ser como uma necessidade inerente de se conectar com Deus." – Rick Warren

"Também pôs no coração do homem o anseio pela eternidade" – Salomão (Eclesiastes 3:11)

"De um só fez ele todos os povos, para que povoassem toda a terra, tendo determinado os tempos anteriormente estabelecidos e os lugares exatos em que deveriam habitar. Deus fez isso para que os homens o buscassem e talvez, tateando, pudessem encontrá-lo, embora não esteja longe de cada um de nós." – Paulo, apóstolo (Atos 17:26-27)

Quando Michael Jackson estava no tribunal, fãs vieram de todo o mundo para darem suporte a ele. Uma mulher chegou a largar seu emprego apenas para ficar do lado de fora do tribunal todos os dias, por meses. Ela estava disposta a pagar o que fosse para estar perto do seu herói. Por que ela foi tão extremista apenas para ter um relance de seu ídolo? A resposta é simples: ela estava conectada com a adoração.

DEUS ME FEZ ASSIM

Quando antropólogos estudam uma civilização, uma das coisas que examinam é o que as pessoas daquela cultura adoravam. Adoração é uma parte integral de uma cultura, porque todos adoram algo ou alguém. Dos astecas aos índios americanos, dos africanos aos esquimós, todos os povos indígenas são adoradores. Todas as pessoas que já passaram pela face da terra através da história adoraram coisas como estátuas, ídolos, espíritos curandeiros, riquezas, poder, notabilidade, uma instituição, uma ideologia, uma fantasia, um deus ou o Senhor Jesus Cristo.

Romeu adorou Julieta. Júlio César adorou o seu trono. Uma estrela da NBA (liga de basquete americana) adora o basquete, e seus fãs o adoram. Adoração é universal. É inerente a todo ser humano ter o desejo de adorar. Deus nos criou com um desejo e uma inclinação para adorar. Cada um de nós é fundamentalmente um adorador incessante. É assim que nossos espíritos eternos foram feitos. Nós fomos feitos pelo Criador para sermos adoradores.

TODO MUNDO FAZ

Harold Best disse que adoração "inclui toda a raça humana. Não se trata somente dos cristãos, mas de todas as pessoas, em todos os lugares, que se submetem aos seus mestres, sejam quais forem, e por isso vivem do jeito que vivem".[i]

Adoração tem relação com valorizar, porque as pessoas automaticamente gravitam em torno daquilo que valorizam. Nós temos um desejo de ir atrás disso. Seja o que for que você mais valorize, será isso o que irá estimar, elevar, adorar e onde vai investir. Adoração é nossa expressão do que mais tem valor para nós.[1] Pode ser um emprego, um *status*, um esporte, uma pessoa ou uma atividade. O que nós adoramos automaticamente se torna um padrão de vida ou um comportamento.

ISSO QUE VOCÊ FAZ

Um executivo corporativo que dá um alto valor às conquistas do seu trabalho se entrega apaixonadamente a atingir um *status* ou influência em seu emprego. Ele sai de casa para o escritório às 4 horas da manhã para fugir do trânsito e para trabalhar antes que o dia comece. Ele fica

---

1 N.T.: Nessa frase, o autor faz um jogo com a palavra "worth" (valor), que é de onde vem a palavra "worship" (adoração). Portanto, na língua inglesa, a raiz da palavra adoração está intimamente ligada à palavra valor.

até tarde e perde o jantar que sua esposa preparou para ele. Quando ele chega em casa, seus filhos já estão dormindo; eles passam pela vida sem nem mesmo conhecer o próprio pai. Há momentos em que é preciso trabalhar duro, chegar cedo e, algumas vezes, sair tarde do trabalho. Quando uma companhia ou projetos estão em crise, e você precisa cumprir um prazo ou meta, é importante se esforçar um pouco e dar mais tempo a isso. No entanto, quando uma pessoa repete esse comportamento dia após dia, ano após ano, ela está demonstrando sua adoração última através do seu apetite extremo para conquistar coisas.

Eu tinha um amigo com um desejo insaciável de ganhar dinheiro. Como investidor, ele tinha o emprego perfeito. Quando a Bolsa de Valores ia bem, ele vendia fervorosamente, lidava com as ações "quentes" e fazia grandes negócios. Como cristão, ele se sentia mal quando convencia um comprador a adquirir ações que ele sabia serem um mau investimento. Sim, ele fazia isso porque queria o dinheiro. O homem era dirigido pelo desejo de fazer dinheiro. Posteriormente, descobri que ele era viciado em heroína. Ele desejava o sentimento que a droga dava a ele. Ele viveu para isso e era isso o que ele adorava. Era um adorador tão extremo do "cavalo", como a heroína é conhecida, que faria quase qualquer coisa para conseguir um pouco.

Meu amigo passou incontáveis horas violando suas convicções, obcecado por fazer dinheiro rápido, desobedecendo as convicções que o Espírito Santo lhe dava, engajando-se em atividades ilegais e prejudicando seu corpo. Ele viveu para o poder e para o avanço, e o seu desejo de adoração focado na direção errada destruiu sua vida. Por fim, esse homem terminou na prisão e perdeu sua família. Ele adorou "o beijo" (em referência à droga). Ele viveu para isso. Provavelmente pensou nisso dia e noite.

Estes são exemplos extremos. Mas, por meio deles, nós podemos reconhecer que existem paixões e desejos em nossas vidas que nos levam à adoração.

O CAMINHO

Então, como você pode realmente saber o que valoriza tanto que passa a adorar? Examine as coisas que você faz, porque suas ações gritam sobre aquilo que você valoriza. Trace o caminho do seu tempo, energia, dinheiro e atividades. A trilha das suas afeições e atividades vai te levar ao trono daquilo que você adora.

Você não tem de agir ilegal ou imoralmente para ser levado a adorar algo. Aquilo que você adora pode ser tão sutil ou parecer tão inofensivo quanto fazer compras, pescar, algum esporte ou você mesmo.

A verdade é que a adoração é o combustível de nossas ações. Quem ou o que nós adoramos molda o nosso comportamento. Portanto, o comportamento revela o objeto de nossa adoração.

NÓS SOMOS BONS NISSO

Ser um adorador é uma condição que Deus colocou no homem. Deus criou você para ser um adorador. Você não precisa ser treinado ou ter um diploma em adoração. Vem naturalmente, é parte de você. Ao valorizar algo, você não está sendo mesquinho. Você não faz economia. Isso jorra de você. Você entrega *toda* a sua paixão a isso. Você doa generosamente para o objeto de sua adoração. Você vai comprar roupas, gastar seu tempo e dirigir quilômetros para fazer ou ver o que você adora. Adoração flui daquilo que você é. Você é muito bom nisso!

ADORAÇÃO ACONTECE

Adoração é abundante e está em todo lugar. Pessoas adoram e estimam coisas de forma livre e generosa. Desde arenas de esportes a concertos, de bistrôs a clubes, pessoas adoram o dia todo. Assim como a *vida* acontece, a *adoração* acontece.

Adoração ocorre através de esportes radicais, paintball, MMA, NASCAR, futebol, religião, comunidades alternativas e novelas. Fisioculturistas, supermodelos, estrelas do rock, âncoras de jornais, CEOs, chefes da máfia, terroristas, pacifistas, ativistas, cientistas e políticos:

todos adoram. Adoração está constantemente ocorrendo em todo lugar ao redor do mundo.

Eu conheço um guitarrista de uma equipe de louvor que adorava a sua aparência. Ele subia na plataforma quando chegava a hora de tocar sua guitarra e dava uma boa olhada em si mesmo. Em piqueniques, ele usava camisetas sem mangas para mostrar seus músculos. A qualquer hora que passasse em uma superfície refletiva, ele dava uma checada no seu rosto e no seu cabelo. Ele se levava muito a sério! Esse não era um comportamento normal! Alguém poderia dizer que ele se adorava. No entanto, pelo menos em algum grau, todos nós também somos assim.

TRANSFORMAÇÃO

A adoração te molda, te transforma. Seja para o bem ou para o mal, você se tornará como aquilo que você adora.

> *"Os ídolos das nações não passam de prata e ouro, feitos por mãos humanas. (...) Tornem-se como eles aqueles que os fazem e todos os que neles confiam."* *(Salmo 135:15 e 18)* [ii]

Culturas inteiras de música, moda e estilo de vida crescem a partir daquilo que as pessoas adoram. Fãs de rap se vestem, falam e agem como seus ídolos. Os fãs de Jornada nas Estrelas buscam se portar como os personagens. Fãs extremos de Elvis se tornam seus imitadores.

Existem muitas maneiras pelas quais as pessoas

permitem que aquilo que elas adoram molde seu estilo de vida, ambiente, aparência, pensamentos e ações. Muitas vezes, esportes violentos criam pessoas que assumem risco sem responsabilidade. Pornografia cria adúlteros e estupradores. Religião mal-orientada cria extremistas. O amor ao dinheiro cria prostitutas e ladrões, e a fome de poder cria tiranos e ditadores.

Adoração maldirecionada nunca te trará paz ou preenchimento, porque você foi pré-programado para adorar a Jesus e ninguém mais.

> *"E todos nós, que com a face descoberta contemplamos a glória do Senhor, segundo a sua imagem* estamos sendo transformados *com glória cada vez maior, a qual vem do Senhor, que é o Espírito." (2 Coríntios 3:18)*

Quando você adora ao Senhor regular e consistentemente, você é transformado. Mas adorar a Cristo nos torna semelhantes a Cristo.

QUEM VOCÊ É?

Toda humanidade adora, e todos nós estamos sendo moldados por aquilo que adoramos. Você está se tornando como a pessoa ou coisa que você adora.

A estrela do rock, a supermodelo, o político, o personal trainer, a estrela do esporte, todos são moldados por aquilo que valorizam. A adoração deles mesmos, do dinheiro, do poder, da notoriedade, da estatura, das conquistas muda o adorador. Nós comprometemos nosso caráter e damos desculpas para nosso comportamento por causa de nossa paixão por algo. Algumas vezes, nós nos tornamos centrados em nós mesmos, indulgentes, vaidosos, orgulhosos e narcisistas. Se adoramos o dinheiro, nós nos tornamos ambiciosos. Se adoramos o sexo, nós nos tornamos cheios de luxúria. Se adoramos o poder, nós nos tornamos violentos.

A adoração está conectada ao nosso caráter. Ela flui naturalmente de quem nós somos e do que valorizamos. Nossas atitudes e ações saem de quem nós somos como pessoas. Nós adoramos aquilo a que damos valor. Por isso que a adoração em cultos públicos não pode ser ligada e desligada aos finais de semana. O que nós "fazemos" aos finais de semana não determina se somos ou não adoradores. Nós devemos ser consistentes em nossa adoração todos os dias. Se não, então sua adoração na igreja é um momento emotivo, na melhor das hipóteses, e uma hipocrisia, na pior.

VOCÊ DECIDE

O que quer que você faça, faça apaixonadamente *para* o Senhor:

> *"Não a nós, Senhor, nenhuma glória para nós, mas sim ao teu nome…" (Salmo 115:1)*

> *"Tudo o que fizerem, façam de todo o coração,* como

para o Senhor, *e não para os homens" (Colossenses 3:23 NLT)*

Estas passagens nos dizem que nós devemos nos engajar em um empreendimento com todo o nosso coração para o Senhor. Nossa afeição é dirigida a Jesus, o Salvador e Senhor de nossas vidas. O Senhor Jesus, que se assenta no trono do seu coração – e não outra pessoa ou coisa! Dirija suas afeições a Jesus, o Salvador e Senhor da sua vida. Em essência, tudo o que você faz *como se fosse para* o Senhor, Ele considera como adoração verdadeiramente espiritual.

ALIANÇA

O que você valoriza? Com o que você se aliança? Para o que ou quem você dá seu tempo, energia ou dinheiro? O que te consome e controla? Houve um tempo em que você adorou pessoas ou coisas ao invés de adorar ao Senhor?

Quais são as pistas que levam você a possíveis tronos na sua vida? O que ou quem senta nesses tronos?

Sabendo que todos nós adoramos algo ou alguém, você vai ajustar suas atividades e atitudes em direção das coisas que você valoriza?

Você fará de Jesus o único objeto de sua adoração? Como você vai expressar sua adoração a Jesus?

ORE COMIGO...

Amado e querido Pai Celestial:

O Senhor é a Pessoa mais importante em minha vida. O Senhor me criou e me redimiu e por isso eu sou eternamente grato.

Eu agora percebo que tenho adorado outras coisas além do Senhor. Por favor, perdoa-me.

Eu reafirmo que o Senhor é o Senhor da minha vida e o único que eu adoro.

Ensina-me e equipa-me a ser um melhor adorador do Senhor.

No nome de Jesus, amém.

CAPÍTULO 2

QUEM NÓS ADORAMOS

PARTE 1

"A revelação de Deus é o combustível para o fogo da nossa adoração." – Matt Redman

"Estes creem que foram criados para adorar a Deus e para desfrutar da Sua presença para sempre, e eles desejam aprender tudo que podem sobre o Deus com quem esperam passar a eternidade." – A. W. Tozer

"Então caí aos seus pés (do anjo) para adorá-lo, mas ele me disse: 'Não faça isso! Sou servo como você e como os seus irmãos que se mantêm fiéis ao testemunho de Jesus. Adore a Deus!'" (Apocalipse 19:10 TLB)

Deus não criou você para adorar simplesmente para o bem da adoração em si mesma. Adoração tem um propósito. Você não canta, aplaude, ora e se alegra para seu próprio desfrute ou contentamento – você faz isso para o Senhor. Deus é nosso objeto de adoração – o Santo Pai, o Santo Espírito e o Santo Filho.

No entanto, muitas pessoas adoram outros deuses ao invés de Yahweh por causa do seu senso interior de adoração. Isso é tão comum na humanidade que Deus alertou os filhos de Israel contra isso:

"Não preste culto a nenhum outro deus. O Eterno é um Deus zeloso – seu nome é Zeloso." (Êxodo 34:14 A Mensagem)

CIÚMES DE VOCÊ

Você não deve adorar nenhuma outra pessoa ou coisa. O Senhor pede sua inteira devoção. Ele não deve ser o quarto, terceiro, ou mesmo o segundo na sua lista de prioridades ou objetos de suas afeições. Deus é um Deus ciumento e apaixonado. Ele é enfático quanto a ser o único objeto de nossa adoração. Ciúmes, quando se refere a Deus, não é algo negativo ou egoísta. A verdade é que Deus é a única verdadeira entidade, e tudo mais no Universo gira em torno dEle. A adoração não deve ser direcionada a nenhum outro lugar, a não ser a Ele.

Quando você adora algo que foi criado ao invés de adorar o Criador, você comete o pecado da idolatria. Esse pecado é tão sério que Deus alertou a nação de Israel de que, se eles parassem de adorar a Ele e adorassem outras coisas, eles morreriam.

"Mas se vocês se esquecerem do Senhor, do seu Deus, e seguirem outros deuses, prestando-lhes culto e curvando-se diante deles, asseguro-lhes hoje de que vocês serão destruídos." (Deuteronômio 8:19)

Tão sério era o pecado da idolatria no Antigo Testamento, que Deus o proibiu nos Dez Mandamentos (veja Êxodo 20:3-6). No Novo Testamento, o termo "idolatria" começou a ser usado de maneira amplificada. Idolatria se tornou não apenas o prostrar-se diante de uma estátua; agora é também aplicada a colocar qualquer coisa antes de Deus no seu coração ou nas suas afeições.

Como um adorador, é vital entender a natureza perigosa, enganosa e viciante da idolatria. Embora você provavelmente não faça uma estátua ou se prostre diante de uma, você deve estar constantemente alerta a não deixar que nada se coloque entre você e Deus.

Ídolos podem ser objetos materiais, como casas, carros e possessões valorizadas. Pessoas – sejam ícones da cultura pop ou seus amados – podem ser ídolos. Coisas intangíveis, como fama, reputação, orgulho, realizações, podem ser objetos de adoração. Mesmo suas realizações ministeriais podem ser ídolos, se você deixar. Basicamente tudo o que você permitir pode se tornar um ídolo entre você e Deus.

O QUANTO ELE É DIGNO?

A antiga palavra inglesa para adoração é *weorthscipe* ou "worth-ship" (valor de algo). Por meio da adoração você proclama o valor de Deus? A verdade é que adoração não é possível sem o conhecimento de Deus e qual é o Seu valor. Então, como pode um humano finito declarar o valor de um Deus infinito quando essa pessoa nem sequer sabe quem esse Deus é? Como você pode, uma criatura limitada pelo tempo e espaço, conhecer o seu Criador, que está além do espaço e do tempo? Nós devemos olhar o que Deus revelou sobre Si mesmo, porque sua adoração está atrelada à revelação da natureza divina de Deus.

O caráter de uma pessoa é fundamentalmente o que essa pessoa é; isso também se aplica a Deus. Deus revela a você aspectos de Seu caráter que inspiram sua adoração. Quando você estuda Seu caráter, você vê como Ele é. Sendo assim, o caráter de Deus invoca adoração. Quando você entende como Ele é único, em Seus atributos perfeitos, você é inspirado a adorar em um nível mais alto.

A verdadeira adoração sempre flui de uma revelação do perfeito caráter de Deus. Embora o entendimento de Deus esteja muito além da compreensão humana, a Bíblia oferece muitos relances de revelação da Sua natureza multifacetada.

DEUS É...

AUTOEXISTENTE

Deus revelou a Si mesmo a Moisés, dizendo "EU SOU QUEM EU SOU" (Êxodo 3:14). Deus não tem origem e existe por Si mesmo independentemente de todas as outras criaturas. Ele é independente em Suas virtudes, decretos, obras e tudo mais; Ele é autoexistente e dependente só de Si mesmo.

AUTOSSUFICIENTE

"Ele é antes de todas as coisas, e nele tudo subsiste."
(Colossenses 1:17)

Deus não precisa de nada. Tudo o que Deus é e quem Deus é está nEle mesmo. Ele contém tudo, e tudo o que existe vem dEle. Toda vida vem de Deus e está em Deus. Ele sustenta todas as coisas. Ele mantém e sustenta tudo sem a ajuda de ninguém ou nada. Ele existe por Si mesmo, e o homem existe para Ele.

ETERNO

"Antes de nascerem os montes e de criares a terra e o mundo, de eternidade a eternidade tu és Deus."
(Salmo 90:2)

De eternidade a eternidade, Yahweh é Deus. Deus vive na eternidade agora. Ele não tem passado e futuro.

Deus habita em eternidade e aparece no início e no fim simultaneamente. Para Deus, o fim e o começo são a mesma coisa. Ele os vê ao mesmo tempo. Se nós falamos dEle em termos de tempo, cometemos um sério erro.

INFINITO

"Ó profundidade da riqueza da sabedoria e do conhecimento de Deus! Quão insondáveis são os seus juízos, e inescrutáveis os seus caminhos!" (Romanos 11:33)

Quando dizemos que Deus é infinito, nós queremos dizer que Ele não tem limites, que é impossível para nossa mente limitada compreender o Ilimitado. Deus é tão grande que Ele não pode ser adequadamente percebido. Nenhuma linguagem, livro ou imagem digital podem expressá-lo.

Yahweh está além de qualquer definição. Deus está acima de tudo e além de tudo o que existe. Não existem medidas ou graus que possam medi-Lo. Deus não tem intervalos, tamanho, altura ou distância. Ele é absolutamente sem fronteiras, ilimitado, indefinível, e nada pode contê-Lo.

IMUTÁVEL

"De fato, eu, o Senhor, não mudo." (Malaquias 3:6)

Deus não pode mudar em qualquer dimensão

de Seu caráter, propósito ou promessas. Ele não cresce ou diminui. Ele não melhora ou piora. Nada pode ser acrescido ou tirado dEle porque Ele é para sempre o mesmo. Ele sempre é consistente em Suas ações e em Seu caráter. É impossível para Ele se deteriorar do que Ele é. Não há mutação no caráter de Deus.

ONISCIENTE

"Quem definiu limites para o Espírito do Senhor, ou o instruiu como seu conselheiro? A quem o Senhor consultou que pudesse esclarecê-lo, e que lhe ensinasse a julgar com justiça? Quem lhe ensinou o conhecimento ou lhe aponta o caminho da sabedoria?" (Isaías 40:13-14)

Aquele que nós adoramos conhece tudo e é perfeito em seu conhecimento. Ele nunca "aprendeu", na verdade, porque já sabe tudo.

Deus é a Fonte e o Autor de todas as coisas e, portanto, conhece tudo o que pode ser conhecido instantânea e infinitamente. Ele conhece cada mente, espírito, criatura, lei, relação, segredo, causa, pensamento, mistério, movimento, material e matéria. Ele conhece toda a vida e morte, bem e mal, espaço e tempo, no passado, presente e futuro.

Deus nunca se surpreende e nunca se questiona sobre nada. Ele sabe todas as coisas sobre todas as pessoas, em todos os lugares, em todo o tempo, em toda a história.

SÁBIO

"Ora, ao Rei dos séculos, imortal, invisível, ao único Deus sábio, seja honra e glória para todo o sempre. Amém." *(1Timóteo 1:17 – Almeida Revisada e Fiel)*

Deus é sábio e tem habilidade de julgar corretamente e seguir o melhor curso das ações, baseado no seu perfeito conhecimento. Ele tem a habilidade de planejar perfeitamente e seguir esses planos pelos meios mais perfeitos. Ele não faz conjecturas ou dá palpites. Tudo para Ele está em foco e em relação própria com tudo o mais, e Ele trabalha para fazer o que sabe que é melhor. Deus age baseado em Seu perfeito juízo, para Sua própria glória, para o bem do maior número de pessoas pelo maior tempo possível. Ele trabalha de forma que não possa haver melhorias.

SOBERANO

"O Senhor faz tudo o que lhe agrada, nos céus e na terra, nos mares e em todas as suas profundezas." *(Salmo 135:6).*

Deus é livre para fazer o que Lhe agrada a qualquer tempo ou em qualquer lugar para dar fim aos seus propósitos infinitamente sábios, com seu poder ilimitado. Ele tem controle soberano sobre a natureza, os homens e a história. Em Sua soberania, Deus tem permitido que o mal exista como um fugitivo renegado em áreas restritas de Sua criação, com capacidade limitada e temporária.

ONIPOTENTE

"Então ouvi algo semelhante ao som de uma grande multidão... que bradava: 'Aleluia! pois reina o Senhor, o nosso Deus, o Todo-poderoso!'" (Apocalipse 19:6)

Ser onipotente é ter infinito poder. Deus é a fonte de todo poder e possui todo poder disponível, sem limites. Deus pode fazer qualquer coisa tão facilmente como qualquer outra coisa. Ele tem tanto poder que trabalha sem qualquer tipo de esforço. Ele nunca precisa reunir mais poder. Ele é o Senhor "Todo Poderoso".

TRANSCENDENTE

"Pois assim diz o Alto e Sublime, que vive para sempre, e cujo nome é santo: 'Habito num lugar alto e santo...'" (Isaías 57:15)

Deus é exaltado tão acima e além do que é humano, que nossas mentes nunca poderão compreendê-Lo. Ele é exaltado muito além do nosso entendimento, não em elevação ou espaço, mas em qualidade de ser.

Deus se exalta acima e além de tudo o que existe. Ele é o Ser Supremo que está além do alcance do pensamento humano. A ciência só pode explorar as leis no reino criado, e a "religião" só pode explorar as pegadas de onde Ele esteve. Mas Aquele que anda nesse caminho é transcendente.

Ele é o Ser Supremo; logo, não pode ser elevado ou estar mais alto, porque não existe nada acima ou além dEle. Qualquer movimento em direção a Ele é elevação para a criatura; qualquer movimento contra Ele é descendente.

ONIPRESENTE

"Para onde poderia eu escapar do teu Espírito? Para onde poderia fugir da tua presença? Se eu subir aos céus, lá estás; se eu fizer a minha cama na sepultura, também lá estás. Se eu subir com as asas da alvorada e morar na extremidade do mar, mesmo ali a tua mão direita me guiará e me susterá." (Salmo 139:7-10)

Deus está absolutamente em todos os lugares. Não há limites para Sua presença. Se formos comparar com nosso ambiente, Deus é como o mar para o peixe, ou o ar para o pássaro. Ele está ainda mais perto do que nossos pensamentos.

FIEL

A fidelidade de Deus é um tema constante na Bíblia. O salmista diz:

"Cantarei para sempre o amor do Senhor; com

minha boca anunciarei a tua fidelidade por todas as gerações. Sei que firme está o teu amor para sempre, e que firmaste nos céus a tua fidelidade (...) Os céus louvam as tuas maravilhas, Senhor, e a tua fidelidade na assembleia dos santos (...) Ó Senhor, Deus dos Exércitos, quem é semelhante a ti? És poderoso, Senhor, envolto em tua fidelidade" (Salmo 89:1, 2, 5, 8)

No mesmo Salmo, Deus diz:

"mas não afastarei dele o meu amor; jamais desistirei da minha fidelidade. Não violarei a minha aliança nem modificarei as promessas dos meus lábios." (Salmo 89:33-34).

A imutabilidade de Deus (seu caráter imutável) assegura Sua fidelidade. Ele não pode agir fora do seu caráter e não pode mudar, portanto Ele é leal e estável.

"Vi o céu aberto e diante de mim um cavalo branco, cujo cavaleiro se chama Fiel e Verdadeiro. Ele julga e guerreia com justiça." (Apocalipse 19:11)

BOM

Deus disse a Moisés:

"Diante de você farei passar toda a minha bondade, e diante de você proclamarei o meu nome: o Senhor. Terei misericórdia de quem eu quiser ter misericórdia,

e terei compaixão de quem eu quiser ter compaixão."
(Êxodo 33:19)

A qualidade do caráter de Deus que está por trás de sua generosidade é Sua bondade. É essa qualidade que O faz gentil, cordial e cheio de boa vontade. Ele é bondoso, aberto, amigável e generoso.

Deus nos criou e nos redimiu porque Ele é bom. Todas as Suas criaturas se beneficiam de Sua bondade. Sua bondade sustenta e mantém a Sua criação. Ele não tem débito ou obrigação com Seu povo e com Suas criaturas. Nós não merecemos Sua bondade, mas, mesmo assim, Ele nos dá livremente.

JUSTO

"Pois o Senhor é Deus de justiça. Como são felizes todos os que nele esperam!" (Isaías 30:18b)

O trono de Deus está cheio com sua justiça e julgamento. Ele se senta não somente como Rei, mas também como Juiz. Ele governa do seu trono com equidade moral.

Deus é compassivo e bom; no entanto, Ele é justo em todos os Seus caminhos. Seus atributos nunca estão em conflito entre si. Quando nós nascemos, nascemos em pecado, e a justiça de Deus requer uma penalidade a ser paga. Mas Sua bondade proveu um sacrifício para essa penalidade, e Seu Filho Jesus pagou o débito.

MISERICORDIOSO

"E passou diante de Moisés, proclamando: 'Senhor, Senhor, Deus compassivo e misericordioso, paciente, cheio de amor e de fidelidade'." (Êxodo 34:6)

Deus Se declara misericordioso. É a Sua natureza. Nós tomamos parte na rebelião para derrubar o Rei da Criação por causa da nossa inclinação pecaminosa. Quando nós éramos filhos da desobediência, nós nos tornamos inimigos de Deus. Mas, por causa da natureza misericordiosa de Deus, Ele proveu que nossa culpa pelo pecado fosse paga por Jesus.

Misericórdia é um aspecto do caráter de Deus que o torna ativamente compassivo.

GRACIOSO

Jonas declarou a natureza de Yahweh quando disse:

"Eu sabia que tu és Deus misericordioso e compassivo, muito paciente, cheio de amor e que promete castigar mas depois se arrepende." (Jonas 4:2)

Deus não é apenas misericordioso, mas também é gracioso. Graça é o prazer de Deus. É o aspecto do caráter de Deus que concede benefícios a quem não merece.

AMOR

João declarou:

"Deus é amor" (1 João 4:8)

O amor deseja o bem de todos, e não o mal. O amor deseja o nosso bem-estar eterno. O amor dá livremente ao objeto de sua afeição, e Deus dá generosa e sacrificialmente. *"Ninguém tem maior amor do que aquele que dá a sua vida pelos seus amigos." (João 15:13)*

O amor tem prazer no objeto de sua afeição; por isso, Deus tem prazer nos Seus santos e em Sua criação.

SANTO

"E proclamavam uns aos outros: 'Santo, santo, santo é o Senhor dos Exércitos, a terra inteira está cheia da sua glória'" (Isaías 6:3)

A santidade de Deus é a qualidade que o torna Único. A palavra "santo" vem da raiz que significa "separado". Deus é diferente e separado de tudo.

Santidade é o atributo que coroa o caráter de Deus. Ele resume todos os outros atributos. Yahweh é santo da mais alta forma em todos os sentidos. Nos céus, a santidade de Deus é aclamada mais do que qualquer outro atributo pelos anjos, em Sua presença.

GRANDE É O SENHOR

"Grande é o Senhor e digno de ser louvado; sua grandeza não tem limites." *(Salmo 145:3)*

Apenas o refletir em todas as características de Deus nos inspira à adoração. Quando você vê que Deus é muito maior do que normalmente se pensa sobre Ele, você é levado a uma adoração muito maior com seu maior louvor.

"Louvem-no pelos seus feitos poderosos, louvem-no segundo a imensidão de sua grandeza!" *(Salmo 150:2)*

Como você pode equalizar o seu louvor com Sua excelente grandeza? Você não pode! No entanto, Deus encoraja você a tentar. Vamos tornar o Seu louvor glorioso.

NA BELEZA DE SUA SANTIDADE

"Deem ao Senhor a glória devida ao seu nome. Tragam ofertas e venham à sua presença. Adorem o Senhor no esplendor da sua santidade!" *(1 Crônicas 16:29)*

Você deve adorar ao Senhor na beleza de Sua Santidade, o que O torna separado e único. Em outras palavras, nós devemos adorar ao Senhor de acordo com Seus atributos. Sua adoração a Deus não deve ser focada na "forma artística", mas focada no Seu caráter. Quando você contempla a natureza transcendental de Deus, sua resposta natural e espiritual é adorá-Lo. Talvez você sinta o desejo de adorá-Lo agora mesmo apenas lendo sobre a natureza de Deus.

"Senhor, meu Deus, quando eu maravilhado
Contemplo a Tua imensa criação
Os céus e a Terra, os vastos oceanos
Fico a pensar em Tua perfeição

Então minh'alma canta a Ti, Senhor
Grandioso és Tu! Grandioso és Tu!
Então minh'alma canta a Ti, Senhor
Grandioso és Tu! Grandioso és Tu!"

Stuart Hine

REFLEXÃO

Depois de ler este capítulo, como você descreveria Deus para alguém? Que aspecto de Deus você mencionaria?

Quais atributos de Deus impactaram mais você? Por quê?

Qual evento particular em sua vida foi grandemente impactado por um dos atributos de Deus?

Quando enfrentando desafios na sua vida, como você vai se lembrar de quem Deus é?

Como conhecer o caráter de Deus vai afetar sua adoração? O que será diferente em suas atitudes ou ações em sua adoração particular e pública depois deste capítulo?

ORE COMIGO...

Alto e santo Pai Celestial:

Tu és mais majestoso e misterioso do que eu posso entender. O Senhor é alto e exaltado e maior do que eu possa imaginar.

Tu és todo poderoso, conheces todas as coisas, estás presente em todo lugar. Tudo és o *único santo*.

Ajuda-me a entender, compreender e experimentar tua misericórdia, bondade e amor.

Mesmo que eu não consiga nem mesmo balbuciar quem Tu és, eu quero Te dar a minha melhor e mais alta adoração. Tu és magnificente e cheio de maravilhas e o único objeto de minha adoração.

Enquanto eu foco mais em quem Tu és, ajuda-me a crescer em minha adoração pelo teu Santo Espírito. Que eu possa tornar-Te glorioso enquanto eu buscar refletir os Teus atributos em minha vida e adoração.

No nome precioso de Jesus, amém!

CAPÍTULO 3

QUEM NÓS ADORAMOS

PARTE 2

"A adoração determina nossas ações, tornando-se a força que dirige tudo o que fazemos." – Louie Giglio

"Adoração é nossa razão de ser." – Tom Kraeuter

"Quem não te temerá, ó Senhor? Quem não glorificará o teu nome? Pois tu somente és santo. Todas as nações virão à tua presença e te adorarão, pois os teus atos de justiça se tornaram manifestos."
– Apocalipse 15:4

A adoração é a responsabilidade número um de cada cristão em qualquer lugar. As Escrituras claramente estabelecem adoração como a prioridade universal. "Todas as nações virão e adorarão perante a Ti." Adoração é a maior prioridade para o nosso Senhor.

CRIADOS PARA ADORAR

Seu Criador te fez, construiu e equipou com um instinto para adorá-Lo e reverenciá-Lo. Só a Ele. Cada pessoa, de cada geração, de cada continente, de cada civilização, valoriza ou adora algo – mesmo que seja pagão, deísta, materialista, ateísta ou agnóstico.

O Criador fez de um *[origem comum, uma fonte, um sangue]* todas as nações dos homens *para estabelecê-los na face da terra, tendo definitivamente atribuído períodos de tempo e os limites de sua habitação (seus assentamentos, terras e moradas)* para que *eles pudessem* buscar *a Deus, na esperança que eles pudessem* procurá-Lo e encontrá-Lo, *embora ele não esteja longe de cada um de nós."* *(Atos 17:26-27 Tradução livre do tradutor baseada na versão Amplificada americana)* [iii]

Deus criou você para esse momento e esse local para adorá-Lo. Ele tem um desejo e um plano para você ser um adorador.

INSTRUÍDO PARA ADORAR

Quando um jovem escriba perguntou a Jesus qual era o maior dos mandamentos, Ele respondeu:

"O mais importante é este: 'Ouve, ó Israel, o Senhor, o nosso Deus, o Senhor é o único Senhor. Ame o Senhor, o seu Deus de todo o seu coração, de toda a sua alma, de todo o seu entendimento e de todas as suas forças'." *(Marcos 12:29-30)*

Amar e adorar Yahweh é tão necessário que Jesus diz que adoração é o mandamento mais importante. Adorar ao Senhor é a nossa primeira e principal responsabilidade.

A Bíblia diz que, depois que Jesus jejuou quarenta dias, o diabo O levou a uma montanha e mostrou a Ele toda a glória dos reinos deste mundo. O diabo essencialmente disse a Jesus: "Eu te darei todos esses reinos se, prostrado, me adorar". Jesus se recusou a ceder a essa tentação.

"Jesus lhe disse: 'Retire-se, Satanás! Pois está escrito: Adore o Senhor, o seu Deus, e só a ele preste culto'." *(Mateus 4:10)*

Aqui Jesus estava citando o mandamento do Antigo Testamento de adorar somente a Deus.[iv]

Jesus também ensinou Seus discípulos que eles deveriam adorar antes de apresentar qualquer pedido a Ele.

"Quando vocês orarem, digam: 'Pai! Santificado seja

o teu nome'." (Lucas 11:2)

"Santificado seja Teu nome" é uma frase de adoração. Você deve honrar o nome de Deus (quem Ele é) em primeiro lugar e colocá-Lo acima de todas as coisas terrenas. Nós precisamos seguir o exemplo de Jesus adorando o nome e o caráter de Yahweh antes de fazermos nossos pedidos. Antes de pedirmos qualquer coisa, devemos honrá-Lo acima de todas as coisas.

ORDENADOS A ADORAR

Nós somos ordenados a adorar nas epístolas:

"Vocês, porém, são geração eleita, sacerdócio real, nação santa, povo exclusivo de Deus, para anunciar as grandezas daquele que os chamou *das trevas para a sua maravilhosa luz." (1 Pedro 2:9 NEB)*

A. W. Tozer disse que os propósitos de Deus em enviar Seu Filho para morrer e ressurgir e Se sentar à destra de Deus foi para que "Ele restaurasse a joia perdida da adoração, para que nós voltemos e aprendamos a fazer novamente aquilo para o qual fomos criados em primeiro lugar – adorar ao Senhor na beleza da Sua santidade, gastar tempo em adoração a Deus, maravilhado, sentindo e expressando essa adoração. Nós estamos aqui para sermos adoradores em primeiro lugar e trabalhadores depois." [v]

A adoração deve ser intrínseca na vida de todo crente. Jesus precisa ser o centro da nossa fé, e a adoração a Ele, nossa prioridade. Warren Wiersbe disse: "A adoração está no centro de tudo o que a igreja crê, pratica e procura atingir". [vi]

CHAMADOS PARA ADORAR

As Escrituras conclamam toda a criação à adoração.

"Aleluia! Louvem o Senhor desde os céus, louvem-no nas alturas! Louvem-no todos os seus anjos, louvem-no todos os seus exércitos celestiais. Louvem-no sol e lua, louvem-no todas as estrelas cintilantes. Louvem-no os mais altos céus e as águas acima do firmamento. Louvem todos eles o nome do Senhor, pois ordenou, e eles foram criados... *Louvem o Senhor, vocês que estão na terra, serpentes marinhas e todas as profundezas... todas as montanhas e colinas, árvores frutíferas e todos os cedros, todos os animais selvagens e os rebanhos domésticos, todos os demais seres vivos e as aves, reis da terra e todas as nações, todos os governantes e juízes da terra, moços e moças, velhos e crianças. Louvem todos o nome do Senhor, pois somente o seu nome é exaltado; a sua majestade está acima da terra e dos céus." (Salmo 148:1-13)*

Se anjos, estrelas, planetas, o sol e a lua, água, ar, neve, plantas e animais adoram a Deus, quanto mais devemos adorá-Lo você e eu? Talvez essa seja a razão de, quando nos aproximamos da natureza, sermos inspirados a adorar. Talvez sejamos subconscientemente influenciados pela adoração inaudível da criação de Deus.

CONVIDADOS A ADORAR

"Venham! Adoremos prostrados e ajoelhemos diante do Senhor, o nosso Criador." (Salmo 95:6)

Mathew Henry disse: "Ele é nosso Criador, e o autor do nosso ser; nós devemos nos prostrar diante do Senhor, nosso Criador. Idólatras se ajoelham diante de deuses que eles mesmos fizeram; nós ajoelhamos diante de um Deus que nos fez e fez todo o mundo, e que é, antes de tudo, nosso proprietário por direito; pois somos dEle, e não de nós mesmos". [vii]

O Espírito Santo gentilmente convida você a participar em total obediência a seu Criador. Você escuta o sussurro de Deus nos convidando a outro nível de adoração?

REDIMIDOS PARA ADORAR

Você não foi somente *criado* para adorar, mas também foi *redimido* para adorar. Jesus comprou você com Seu sangue para adorá-Lo. Jesus é seu Salvador, e a fundação de sua nova vida, abençoada. Para Ele, portanto, você deve cantar canções, louvar e entregar sua adoração com eterna gratidão.

Você tem uma aliança de adoração com Aquele que te criou e que morreu por você. Que mistério! Que boas notícias! Você deve tudo a Jesus. Por que você não gastaria o resto de sua vida adorando-O em *elogios infinitos* e *louvor perpétuo?* Cada momento de cada dia.

BENEFÍCIOS E BÊNÇÃOS

Você deve adorar a Deus pelo que Ele fará por você? Não, você deve adorá-Lo por quem Ele é.

Quando a adoração é centrada em nós, deixa de ser adoração. Seu motivo de adoração não deve ser porque ela te beneficia, mas porque você O adora. Atitudes sinceras e de coração a Deus é o que livra a adoração espiritual do egoísmo e da cobiça.

Se você adora a Deus para conseguir algo dEle, ao invés de dar algo a Ele, você O torna seu servo, e não o seu Senhor.

Não estou dizendo que não existem benefícios em adorar a Deus. Por causa da bondade de Deus, Ele generosamente dá aos Seus súditos. Quando você deixa a presença do Rei, geralmente sai com mais do que quando entrou.

"... a alegria plena da tua presença, eterno prazer à tua direita." (Salmo 16:11)

A presença de Deus experimentada em uma adoração verdadeiramente espiritual aumentará sua vida e relacionamentos.

ESTERILIDADE DE UMA VIDA SEM ADORAÇÃO

Não há nada mais triste do que uma criatura que não quer abençoar ou honrar Aquele que o fez. Que estado depravado! Mesmo assim, alguns homens propositalmente recusam adorar ao Senhor Jesus Cristo. O resto da criação não tem escolha. Até mesmo cristãos resistem a adorar dizendo coisas como: "Eu não gosto das canções. A música é muito alta. As canções têm muita letra, e, além disso, o ritmo é muito acelerado".

Alô! Adoração e suas expressões musicais não são sobre VOCÊ e seus gostos musicais, mas sobre Deus e as preferências dEle! Se você não gosta das palavras e das músicas, então, faça suas próprias letras e melodias. Foque no Senhor e olhe menos para o estilo ou forma.

PRIORIDADE

Existem muitas razões pelas quais você deve adorar ao Senhor. No fim, no entanto, você adora a Jesus por quem Ele é e por causa do seu relacionamento com Ele. Você O ama e O aprecia acima de todas as coisas. Adoração é sua escolha e prioridade.

Onde a adoração estaria numa lista das suas prioridades antes de ler este livro? Por que você pensa que é importante adorar ao Senhor?

Se pessoas perguntassem a você por que deveriam adorar ao Senhor, o que você diria?

Você faria algo diferente como resultado de ver a

prioridade que a adoração deve ter? Como sua adoração será diferente?

De que forma prática você poderia tornar a adoração a mais alta prioridade na sua vida?

ORE COMIGO...

Santo Pai Celestial,

Perdoa-me por não fazer da adoração uma prioridade em minha vida diária. Eu ouço o Teu Espírito Santo me chamando para adorá-Lo.

Quando penso em todo o tempo que desperdicei quando poderia ter Te adorado, eu fico envergonhado.

Quero cumprir o propósito para o qual o Senhor me criou, isto é, adorar a Ti.

Tu és o meu Senhor, minha alegria e minha vida, e eu quero te dar a minha melhor adoração.

Em nome de Jesus, amém.

CAPÍTULO 4

O QUE É ADORAÇÃO?

"Adorar é um verbo" – Robert Webber

"Adoração é uma atitude expressada" – Judson Cornwall

"Assim, quer vocês comam, bebam ou façam qualquer outra coisa, façam tudo para a glória de Deus." – 1 Coríntios 10:31

O que seus amigos ou membros de sua congregação diriam se você pedisse a eles que descrevessem adoração? Eles diriam: "Orando, cantando, lendo a Bíblia e ouvindo um sermão"?

MISTERIOSA

Alguns cristãos pensam que adoração é exclusivamente cantar. Outros pensam que, quanto mais alto cantam, mais estão adorando. No entanto, a realidade é que adoração não tem nada a ver com música ou volume. Adoração não é o ato de tocar uma guitarra ou cantar uma canção. Não é entregar uma oferta ou seguir uma liturgia. Você já se perguntou por que existem tantas igrejas e diferentes formas e liturgias de adoração? Algumas variações são devidas a diferentes doutrinas e missão, mas também há muitas expressões de adoração. Como a Bíblia não reduz adoração a uma fórmula, ela continua sendo de alguma maneira misteriosa e abstrata.

W. E. Vine diz: "A adoração a Deus não é definida nas Escrituras em lugar algum". [viii] A falta de definição de adoração nas Escrituras nos diz que Deus não quer que ela se torne *familiar* e tenha apenas uma *fórmula*. No entanto, Ele nos dá dicas para entendermos o mistério da adoração.

ADORAÇÃO EM INGLÊS

Como mencionado anteriormente, a palavra adoração em inglês é "worship", que vem de uma raiz anglo-saxônica *weorthscipe*, um substantivo que significa "alguém que é digno de honra e reverência". Ela reconhece que alguém tem grande valor. A palavra posteriormente foi encurtada para "worth-ship" ou "worship."

Quando adoramos, estamos declarando o valor de Deus. Nós estamos reconhecendo e concordando com Ele que Ele é digno. Os 24 anciãos nos céus estão declarando Seu valor.

> *"Tu, Senhor e Deus nosso, és digno de receber a glória, a honra e o poder, porque criaste todas as coisas, e por tua vontade elas existem e foram criadas."*
> *(Apocalipse 4:11)*

ADORAÇÃO EM HEBRAICO

No Antigo Testamento a palavra hebraica mais popular para adoração é *shachah*, que significa "prostrar, dobrar-se perante outro para honrá-lo e reverenciá-lo". Naqueles dias, se você cumprimentasse alguém de grande honra, deveria se ajoelhar e encostar sua testa no chão, como expressão de profunda reverência.

O verbo "adorar" em Hebraico significa "entregar-se, render-ser em submissão".

> *"Venham! Adoremos prostrados e ajoelhemos diante do Senhor, o nosso Criador"* (Salmo 95:6)

ADORAÇÃO EM GREGO

Em contraste, a palavra do Novo Testamento para adoração é a palavra grega *proskuneo*, "beijar a mão em atitude de reverência". Essa palavra também sugere ajoelhar ou prostrar em honra. Quando uma pessoa saudava Jesus com uma atitude de adoração, ela provavelmente se aproximava o suficiente para beijar a Sua mão ou Sua bochecha, como era costume na cultura do Oriente Médio.

Enquanto no Antigo Testamento "adoração" para "prostrar-se" poderia ser a distância, ela é descrita no Novo Testamento como mais afetuosa e relacional – *beijar com uma atitude de reverência*. Quando Jesus morreu por nossos pecados, Ele trouxe relacionamento para nossa adoração. Yahweh não é mais uma deidade distante. Ele se tornou um Pai e Amigo para nós.

ADORAÇÃO DE CORAÇÃO E ALMA

Judson Cornwall, um dos pioneiros da adoração contemporânea, impactou meu entendimento sobre adoração. Quando perguntaram a ele "O que é adoração?", sua resposta foi: "Ela é uma *atitude de coração, ir* até Deus, *um derramar* de todo o nosso ser em ações de graças, louvor, adoração e amor a Deus".

Adoração é sua atitude de reverência, amor, adoração ou honra para um objeto de afeto. Essa atitude é o próprio coração e alma da adoração.

É importante entender que, antes que sua adoração

seja uma *ação externa*, ela deve ser uma *atitude interna*, porque suas atitudes motivam e afetam suas ações.

Suas atitudes geralmente saem como expressões, dando uma evidência tangível dos sentimentos do seu coração. Na Bíblia, o povo de Deus tinha de sacrificar seus melhores animais, construir altares, dar ofertas, balançar ramos de palmeiras, cantar em alto e bom som e se prostrar – tudo expressões de uma atitude interior.

Sua adoração começa com uma *atitude*; então, ela se torna uma *ação*. Suas ações em adoração sem atitudes de coração são vazias – como o bronze que soa e o címbalo, se não tiver amor.

> *"Ainda que eu fale as línguas dos homens e dos anjos, se não tiver amor, serei como o sino que ressoa ou como o prato que retine." (1 Coríntios 13:1).*

É importante que você entenda que adoração não começa externamente; começa internamente. Você não *faz* adoração, você *vive* adoração. Se você não vive o que você faz, então suas ações são vazias e artificiais. É isso que acontece quando música, ou qualquer outra forma, é entregue sem significado. É simplesmente uma *performance* plástica de algo que foi treinado. Se nós chamarmos isso de adoração, ainda que tenha as letras, os sons e pareça com adoração, nós estamos enganando a outros como a nós mesmos. *Para que uma ação seja verdadeira adoração, ela deve ter atitude.*

MAIS QUE UMA CANÇÃO

Darlene Zschech escreveu: "Não importa quão magníficos os momentos musicais sejam, a menos que seu coração esteja totalmente engajado na adoração que está sendo expressa... é apenas música". [x] Deus requer mais que uma canção. Ele quer seu coração – suas atitudes e motivos. Adoração não começa na plataforma ou com um microfone. Não começa com sua voz ou com mãos levantadas. Adoração começa no coração de cada crente. Se está em seu coração, então, ela deve ser expressada de forma externa.

Cece Winans disse dessa forma: "Música não é adoração em si mesma, mas um meio de carregar nossa adoração". [xi]

ORGÂNICA

Eu não sei se você já considerou que adoração é orgânica. Ela vem de um organismo – você –, não de uma organização ou de um evento. Adoração não vem de produções ou *performances*. Ela começa no coração de cada cristão, crua e não produzida. Adoração vem da vida de Deus, Suas criaturas e criação. Você foi feito para expressar seus sentimentos interiores com emoção crua através dos órgãos e organismos que compõem seu corpo.

Algumas vezes, nós, como líderes, tentamos embelezar, afinar, organizar e produzir a adoração de cada cristão. O problema é quando o homem bagunça a adoração com sua tendência de querer definir forma, programa, rituais, legalismo e ordem. Até certo ponto, isso tem seu lugar, mas nós devemos nos lembrar de que adoração começa crua e orgânica. Se nós a produzimos demais, ela se torna estéril e perde honestidade e sua real essência. Seria como se alguém, produzindo seu encontro romântico com a pessoa que você ama, te dissesse o que e quando falar. O amor e afeto orgânicos que você tem por aquela pessoa se tornaria uma forma e perderia significado e emoção, que estavam originalmente em seu coração. A outra pessoa se perguntaria se você realmente quer dizer aquilo, ou você está apenas repetindo palavras e ações. Ela ficaria pensando se você está sendo mandado por alguém.

Verdadeira adoração é mais *orgânica* que *organizada*. Ela tem início nas formas da vida, e não nas formas artísticas. Adoração, como toda e qualquer vida orgânica, muda de forma e evolui misteriosamente. Ela cresce e se desenvolve tanto quanto seu relacionamento com Deus muda e se aprofunda. Adoração certamente não é sistemática ou mecânica.

RELACIONAL

Adoração vem de um relacionamento. No Novo Testamento, adoração é íntima e pessoal. Se você não tem um relacionamento com Deus, você não pode adorar. Você só pode realmente apreciar e adorar a Deus quando você O conhece pessoal e intimamente. Jesus disse:

"Vocês, samaritanos, adoram o que não conhecem; nós adoramos o que conhecemos, pois a salvação vem dos judeus." (João 4:22)

Você adora o que você conhece, o que você reverencia e respeita. Você adora Aquele que você afetuosamente reverencia. Você adora aquilo por que tem interesse e sentimentos. É difícil reverenciar, apreciar ou adorar um estranho. No entanto, é fácil honrar, amar e adorar seu cônjuge. A diferença é relacional – conhecer intimamente o outro e experimentar a vida juntos.

ESPIRITUAL

Mais importante, adoração é intuitiva e espiritual.

"Deus é espírito, e é necessário que os seus adoradores o adorem em espírito e em verdade." (João 4:24)

A adoração é misteriosamente sobrenatural. Não é do mundo natural. Ela é mais *intuitiva* que *intelectual*. Ela é mais *abstrata* que *artística* e mais *mística* que *física*. A adoração tem uma essência espiritual e começa invisível e interiormente.

Ela é espiritual porque Deus é espírito e você é espírito. É nesta dimensão que você deve adorar. Você deve adorar "em" e "pelo" seu espírito e "em" e "pelo" Espírito de Deus. Sem o envolvimento do seu espírito e do Espírito de Deus, sua adoração não é espiritual.

A essência da adoração não é mecânica ou técnica.

Tecnologia é criação do homem e carrega as suas digitais. A tecnologia pode ajudar ou abafar a verdadeira adoração. No entanto, *tecnologia* e *técnica* devem ser submetidas à *teologia* da adoração quando usadas para facilitar a adoração espiritual. Isso significa que os princípios bíblicos e espirituais devem determinar como usar canções, projeções em vídeo, luzes e sistema de som. Se essas coisas distraem sua atenção do objeto da sua adoração, elas são obstáculos. No entanto, elas podem assistir o adorador se vierem ao lado (não à frente), facilitando a adoração espiritual do coração.

ADORAÇÃO É VIVER

Adoração também é a maneira como você vive sua vida perante Deus.

"Tudo o que fizerem, seja em palavra ou em ação, façam-no em nome do Senhor Jesus, dando por meio dele graças a Deus Pai." (Colossenses 3:17)

Adoração é dar o seu tudo em atitudes ou ações para a glória de Deus.

Paulo disse àqueles que trabalhavam para outros que eles deveriam trabalhar...

"... como escravos de Cristo, fazendo de coração a vontade de Deus. Sirvam aos seus senhores de boa vontade, como ao Senhor, e não aos homens" (Efésios 6:5-7)

Faça o que é certo e bom para o Senhor do seu

coração, e não por atenção ou autopromoção. Você pode alargar sua capacidade de adorar enquanto aprende a viver como para Cristo.

CONSIDERE

Se alguém pedisse a você que descrevesse a verdadeira adoração, o que você diria?

Como você sabe que está realmente adorando a Deus?

Você pode pensar em algo que mantenha você longe da verdadeira adoração a Deus?

Você já se pegou em movimentos e não realmente adorando a Deus?

Por que uma expressão automática de adoração não é verdadeira adoração?

O que você mudaria em sua adoração que a tornasse mais orgânica, relacional e espiritual?

ORE COMIGO...

Santo Pai Celestial,

Eu pensei que soubesse o que era adoração. Hoje eu fui lembrado de que adoração é pessoal, apaixonada, orgânica, relacional e espiritual.

Ajuda-me a manter minha adoração honesta e autêntica.

Eu te darei mais que uma canção ou oração. Eu te darei mais que posturas externas e ações. Eu colocarei todo o meu afeto na minha adoração e vou mantê-la real.

Eu quero ser verdadeiro na real essência da adoração.

Santo Espírito, ajuda-me a ver e viver a verdadeira adoração.

No nome de Jesus, amém.

CAPÍTULO 5

ONDE NÓS ADORAMOS

Porque Ele nunca muda, nosso louvor a Ele nunca deveria cessar."
— Don McMinn

"Adoração sempre é uma atividade para agora."
— Judson Cornwall

"Vocês não sabem que são templo do Espírito e que o Espírito de Deus habita em vocês?"
— Apóstolo Paulo

Se alguém te perguntasse onde você adora, como você responderia? A vasta maioria dos cristãos responderia o nome das suas igrejas locais, provavelmente. Mas a verdade é que a sua adoração não está confinada a um único local ou estrutura particular.

O LUGAR DA ADORAÇÃO

Fundamentalmente, adoração é algo feito no coração, não em um edifício. O templo de uma igreja não é o foco do Senhor em adoração; é o santuário do coração. Jesus discutiu o lugar correto de adorar com a mulher samaritana no poço de Jacó. Ele disse a ela:

"Creia em mim, mulher: está próxima a hora em que vocês não adorarão o Pai nem neste monte, nem em Jerusalém." (João 4:21)

Até o tempo de Jesus, a adoração pública estava confinada a um lugar – o templo de Salomão, o tabernáculo de Moisés ou o tabernáculo de Davi. Durante esse tempo da história de Israel, uma discussão se levantou sobre qual seria o lugar correto da adoração: em Jerusalém ou no Monte Gerizim. Jesus, no entanto, encerrou essa controvérsia quando disse que nenhum dos dois lugares seria o lugar correto para adorar.

A antiga ordem de ir até algum lugar para adorar estava passando. A adoração a Deus não seria confinada a um local, como tinha sido no passado. Ela deveria ocorrer em todo lugar e em qualquer tempo. Jesus estava dizendo que Ele pode ser adorado em qualquer lugar.

Jesus nos ensina hoje, assim como ensinou a mulher samaritana, que não existe lugar exclusivo para adorar. Edifícios são dedicados como lugares para o povo de Deus se encontrar, mas eles não são os lugares primários de adoração.

> *"Pois* somos santuário *do Deus vivo. Como disse Deus:* 'Habitarei com eles *e entre eles andarei...'"*
> *(2 Coríntios 6:16)*

Os samaritanos tinham adorado no monte Gerizim por anos. Eles pensavam: "Se foi bom o suficiente para nossos ancestrais, continua bom para nós. Devemos manter nossas tradições". Quando as disputas sobre adoração começaram, muitas pessoas julgaram estar em vantagem porque seguiam as tradições e a ordem correta na adoração.

Para se opor àquele pensamento dominante, Jesus fortemente insistiu: "Eu estou colocando de lado aquilo que vocês enfatizaram em adoração". As coisas que nós geralmente valorizamos em adoração não são realmente importantes. Jesus é Aquele que adoramos, e Ele determinará como Ele e o Pai devem ser adorados. Vamos todos segui-Lo e os líderes que Deus nos deu.

ADORAÇÃO MÓVEL

Você sabia que não vai à igreja, mas que você *é* a igreja? Paulo perguntou:

"Vocês não sabem que são santuário de Deus e que o Espírito de Deus habita em vocês?" *(1 Coríntios 3:16)*

É um paradigma do Antigo Testamento e da velha aliança pensar que adoração ocorre apenas em um edifício aos finais de semana. Claro, o edifício da igreja é dedicado e separado para Deus para a adoração pública do Seu povo. Mas não é mais sagrado do que o lugar onde Deus disse que iria habitar – *você.*

"... pois o santuário de Deus, que são vocês, é sagrado." (1 Coríntios 3:17)

Como uma casa que se move[1], você é um templo que se move, não com rodas, mas com pernas. Você não está limitado a um lugar, como edifícios que não se movem, mas é um templo transportável do Espírito Santo.

Templos são lugares de adoração. Você é um templo transportável – uma "casa móvel" de adoração. Aonde você vai, a adoração também vai. Quando você vai fazer compras, você pode adorar. Quando você vai ao trabalho, você pode adorar. Quando você está em casa, você pode adorar.

"Quero, pois, que os homens orem em todo lugar, levantando mãos santas, sem ira e sem discussões." (1 Timóteo 2:8)

---

1 N.T.: Nos EUA é muito comum encontrarmos casas que podem ser movidas inteiras de um lugar para outro.

Vamos tornar a adoração pública.

LOCAL DA ADORAÇÃO

O Senhor quer que você adore *todo dia* e em *todo lugar.* Jesus encoraja você a adorar não só "em Jerusalém ou neste monte", mas em todos os lugares e em todos os *espaços.* Adorar em seu quintal e em seu carro. Faça da adoração parte do seu ritmo de vida.

PÚBLICO E PRIVADO

Você adora melhor em público quando primeiramente adorou no privado. Se você torna a adoração privada um hábito, não vai se sentir desconfortável adorando em público. Cantar, orar e levantar sua voz a Deus se tornará natural para você.

Você sabia que deveria cantar na sua adoração em casa, até mesmo na sua cama?

> *"Regozijem-se os seus fiéis nessa glória e em* seus leitos *cantem alegremente!" (Salmo 149:5)*

Portanto, a adoração deve permear tanto nossa vida privada como a pública. Você deveria louvar e adorar a Deus na sua casa, na sala de estar e no seu quarto.

O TEMPO PARA A ADORAÇÃO

As Escrituras claramente ensinam a adoração em todo tempo. Você deve orar "sem cessar" (1 Tessalonicenses 5:17) e louvar continuamente. O salmista Davi disse:

"Minha língua proclamará a tua justiça e o teu louvor o dia inteiro." *(Salmo 35:28)*

Esse tipo de louvor especificamente significa cantar a Deus. Então, nesse versículo, Davi está dizendo que vai cantar a Deus por todo o dia.

Não pode haver erro sobre quão frequentemente e por quanto tempo Deus quer sua adoração:

"Por meio de Jesus, portanto, ofereçamos continuamente *a Deus um sacrifício de louvor, que é fruto de lábios que confessam o seu nome." (Hebreus 13:15)*

"Bendirei o Senhor o tempo todo! *Os meus lábios* sempre *o louvarão." (Salmo 34:1)*

A adoração deve permear sua vida pública e também sua vida privada. Você é o templo de Deus, e em Seu templo a adoração nunca deve cessar. Não aja como se estivesse no quartel onde você deve se apresentar ao serviço aos finais de semana. Da mesma forma, não adore apenas nos finais de semana. Deus quer que você seja um adorador em tempo integral, adorando-O em todo tempo e em todo lugar.

A ADORAÇÃO DO SABBATH

Infelizmente, a sociedade moderna tem feito os indivíduos trabalharem duro; então, eles não sabem mais como adorar no ritmo de Deus. É que as pessoas adoram seus trabalhos, e não mais valorizam o *ser* acima do *fazer*. Em um novo mundo de alta tecnologia, de pessoas que só fazem e querem alcançar coisas, o Sabbath aparenta ser uma tradição desatualizada e boba. Há um grande centro de lazer na vida no qual Deus deve ser adorado.

"*Abençoou Deus o sétimo dia e o* santificou, *porque nele descansou de toda a obra que realizara na criação.*" *(Gênesis 2:3)*

No sétimo dia, Deus descansou. "Descansar" nesse contexto significa cessar, negligenciar, cortar e interromper. [xii] O Sabbath é um "dia de descanso do coração, abstinência do trabalho". [xiii]

"Sabbath" simplesmente significa deixar. Parar. Fazer um intervalo. Não é um dia *sem fazer nada*. Esse é o Sabbath secularizado. Não é um dia para *desperdiçar tempo;* é um *tempo de adoração*. O Sabbath é um dia para interromper sua semana, negligenciar sua lista de afazeres, cessar suas atividades normais e adorar – meditar em quem Deus é, falar e cantar a Ele.

Você mantém o Sabbath porque Deus o fez também. Ele nos mostrou a importância que estabeleceu sobre o *ser* acima do *fazer*. Simplesmente *ser* é divino. Nosso Pai celestial sabia quão importante o Sabbath é para nossa saúde e vida de adoração, e por isso Ele fez com que fosse um dos dez mandamentos e disse que, se alguém o violasse, deveria ser morto.

"Em seis dias qualquer trabalho poderá ser feito, mas o sétimo dia é o sábado, o dia de descanso, consagrado ao Senhor. Quem fizer algum trabalho no sábado terá de ser executado." (Êxodo 31:15)

O PULSO DO DIA

"Passaram-se a tarde e a manhã; esse foi o primeiro dia." (Gênesis 1:5)

"Dia é uma unidade básica do trabalho criativo de Deus; a noite é o começo daquele dia." [xiv] Deus criou primeiro a noite, depois o dia. Portanto, você deve *começar* seu descanso à noite e ir por todo o dia seguinte.

O dia de Deus começa assim que você deixa suas atividades e em breve vai dormir. Você descansa e Ele trabalha durante a noite. Na manhã seguinte você pega seu café e caminha no dia que Ele já preparou para você. O dia começa à noite, com Ele.

ALGO PARA CONSIDERAR

Você consegue se lembrar de pessoas que adoram em todo o tempo? Qual você acha que é o momento apropriado para adorar? Quão frequentemente você adora ao Senhor durante o dia? Descreva como é a adoração para um adorador que adora como estilo de vida, o tempo todo.

O QUE O ESPÍRITO SANTO ESTÁ DIZENDO A VOCÊ?

O que você fará de diferente por causa do que leu neste capítulo? Quantas vezes mais você vai adorar? Como seu domingo ou dia do Sabbath serão diferentes?

ORE COMIGO...

Amado Pai Celestial,

Tu me fizeste um templo para Teu precioso Santo Espírito. Que eu Te agrade onde e como eu adoro.

Eu oro para que o Senhor me ajude a adorá-Lo em todo tempo, em todo lugar.

Lembra-me de adorá-Lo em casa, no trabalho e no lazer.

Eu quero que os Teus louvores estejam nos meus lábios e que a adoração saia do profundo do meu ser o tempo todo.

Que a adoração a Ti e as ações de graças sejam o ritmo de minha vida.

Eu peço em nome de Jesus, amém.

CAPÍTULO 6

EXPRESSÕES DE ADORAÇÃO

"Adoração é um exercício do Espírito Santo direcionada primariamente para Deus." – Ralph Martin

"Nós somos o romance de Deus." – Martin Smith

"Onde os sentimentos por Deus estão mortos, a adoração está morta." – John Piper

"Aleluia! Louvem a Deus no seu santuário, louvem-no no seu poderoso firmamento. Louvem-no pelos seus feitos poderosos, louvem-no segundo a imensidão de sua grandeza! Louvem-no ao som de trombeta, louvem-no com a lira e a harpa, louvem-no com tamborins e danças, louvem-no com instrumentos de cordas e com flautas, louvem-no com címbalos sonoros, louvem-no com címbalos ressonantes. Tudo o que tem vida louve o Senhor! Aleluia!" (Salmo 150)

Você já se perguntou se sua adoração não seria tão esquisita se você tivesse um manual que explicasse exatamente o que fazer e quando fazer? Muitos de nós acham difícil *expressar* nossa adoração. Muitas vezes você pode se sentir como um adolescente que acha estranho expressar seu amor. Você pode não adorar muito bem porque não sabe como expressar seus sentimentos para Deus.

TROPEÇANDO E CAMBALEANDO

Você já sentiu uma estranheza ou falta de confiança quando adora? Provavelmente, isso é mais normal do que você imagina. A maioria das pessoas não teve muita capacitação ou orientação em adoração. Elas acham que, porque cantaram uma canção como orientado, já adoraram. Sua adoração pode parecer desajeitada, às vezes, quando você tropeça em um culto público que alguém planejou para você. Talvez essa adoração não combine com você e não ocorra da forma como você se expressaria a Deus. Como resultado, você pode ficar apenas observando, esperando sugestões dos líderes à frente ou do boletim da igreja.

VENCENDO O PRIMEIRO ENCONTRO

Algumas pessoas acreditam que a adoração não seria tão desajeitada se fosse "codificada". Então, você poderia fazer a coisa certa no momento certo. No entanto, Deus não providenciou um manual com instruções passo a passo para adoração porque adoração tem mais a ver com seu espírito e atitudes individuais do que com fórmulas. Deus quer que sua adoração seja uma expressão de seu amor para com Ele. Assim como um marido e esposa devem ser eles mesmos em um encontro romântico, deixando seus sentimentos determinarem suas ações, seu amor por Deus deve determinar sua expressão de adoração.

As muitas opções de expressões que você tem em adoração podem tornar você inseguro ou desconfortável. Você pode hesitar algumas vezes para expressar a si mesmo por não querer envergonhar-se.

No processo de explicar a adoração, nós mesmos corremos o risco de barateá-la. Ao explicar as formas de amar a Deus, podemos colocar mais ênfase no "como" e não tanta no amor em si mesmo. É por isso que tantos cultos de adoração focam em canções, em orações, no sermão, na oferta – na expressão, e não na atitude interior. Como nós descobrimos, a *atitude interior* transforma a *ação exterior* em adoração.

A espontaneidade da adoração é importante porque é uma expressão pessoal do que você sente no momento. Cada um de nós deve ter a liberdade de expressar nossas atitudes de uma maneira verdadeira para nossos corações. Isso torna sua adoração honesta e pessoal. Quando pedem que você faça coisas que não são "você", e quando essas expressões não vêm do seu coração, elas permanecem vazias. Cantar aos domingos de manhã como se estivesse num karaokê não torna sua adoração pública real! Os líderes de adoração têm a responsabilidade de facilitar a adoração de cada cristão mesmo de uma forma que seja unificada.

EXPRESSÃO ÚNICA

Sua adoração e amor a Deus podem ser expressados de muitas formas diferentes. As opções são quase ilimitadas. Porque adoração não é uma forma codificada, você pode achar expressões únicas e individuais que melhoram a comunicação dos sentimentos do seu coração. Você pode cantar, bater palmas, se ajoelhar, bater os pés, pular, dançar, levantar as mãos, se prostrar, orar, meditar, chorar, gritar, dar presentes e muito mais.

ABRAÇOS E BEIJOS

Os abraços e beijos não são a fonte do amor que minha esposa e eu compartilhamos. Na verdade, o oposto é verdadeiro. É o relacionamento amoroso que nós temos que inspira nossos abraços e beijos. Da mesma maneira, nossa adoração não é dirigida por ações de suas expressões. É seu relacionamento de amor com Deus que motiva você a adorar expressivamente. Frequentemente, as expressões visíveis de adoração capturam toda a atenção, e as pessoas, de forma errônea, acham que elas são a adoração em si. Mas elas são somente expressões de adoração. As expressões não são irrelevantes... a Bíblia ordena que você cante, ore, bata palmas, grite, se ajoelhe, mas todas essas coisas devem vir do seu espírito, ou coração, para que tenham significado.

PONHA ALGUMA ATITUDE

Assim como o combustível é necessário para um carro funcionar, a atitude correta é necessária para a adoração. Se você adora a Deus sem a atitude correta, simplesmente vai "na onda". Suas expressões serão vazias e sem significado.

Então, com essas atitudes visíveis você expressa seu amor e adoração a Deus. Permita que todas essas expressões fluam de seu coração, vindas de um relacionamento com Deus. Deus criou você para ser expressivo!

A EXPECTATIVA DE DEUS

Qual é a sua responsabilidade perante Deus em adoração? O que Deus espera da sua adoração? Alguns talvez se incomodem com essas perguntas, e a resposta é desafiadora para todos nós.

> *"Ame o Senhor, o seu Deus, 'de todo o seu coração, de toda a sua alma, de todas as suas forças e de todo o seu entendimento' e 'Ame o seu próximo como a si mesmo'" (Lucas 10:27)*

Deus deseja a adoração que seja de todo o coração, cheia de emoção, com toda a mente também. Uma vez alguém me disse: "Você sabia que pode passar do tempo em adoração?". Isso é verdade? Você pode amar a Deus e expressar seu amor por Ele de forma demasiada? Deixe-me colocar dessa forma: "Eu posso expressar meu amor por minha esposa de forma demasiada?". Mesmo que eu pense que sim, minha esposa diria: "Não, não é possível!". Você não pode dizer: "Eu amo Jesus com todo o meu coração" e então colocar um limite na sua adoração. Deus espera que você O adore com *todo o seu coração*.

EXPRESSÕES ORAIS

Há muitos tipos de expressão oral que você pode usar para adorar seu Criador e Salvador – gritar, cantar, orar, falar, proclamar, declarar, para citar apenas algumas.[xv]

Cantar a Deus é enfatizado nas Escrituras em muitos lugares e tem ajudado a definir adoração cristã por milênios. Na verdade, o Cristianismo é conhecido como uma fé cantante mais do que qualquer outra. Cantar em adoração é uma atividade eternal e ocorre todo o tempo nos céus, 24 horas por dia, sete dias por semana. Sua voz é o alto-falante do seu coração. Cantar é uma parte importante da sua expressão em adoração a Deus porque o coração e a alma de uma pessoa podem ser mais bem expressados por meio de uma canção. Sua coloração vocal, emoção e entonação são expressões únicas do seu coração.

EXPRESSÕES SILENCIOSAS

Outra expressão pode parecer confusa – silêncio. Mas ele é uma expressão válida em adoração porque adoração é mais *atitude* que *ação*. A atitude do coração é o mais importante e pode continuar ativa mesmo em silêncio. A adoração está presente mesmo em silêncio se existe atitude. Você pode ter atitude e *nenhuma ação externa*, mas mesmo assim há adoração. No entanto, ação externa sem atitude é *movimento sem devoção*.

A expressão silenciosa manifesta-se nas lágrimas, no ajoelhar, na meditação e no permanecer sentado, quieto.[xvi] Como líder de adoração, eu de longe prefiro alguém que se senta em silêncio e adora a uma pessoa que pula sem parar e não está em adoração.

EXPRESSÕES SEM MOVIMENTO

Ficar quieto perante o Senhor é muito apropriado quando você sente a proximidade de Deus. Algumas vezes, você está mais receptivo a Ele quando está parado. As Escrituras dizem:

> *"Aquietai-vos, e sabei que eu sou Deus" (Salmo 46:10 – Almeida Corrigida e Revisada Fiel)*

É importante saber que você não precisa sempre *fazer algo*; você pode ficar quieto na presença de Deus, em adoração.

O CORPO FALA

Ao mesmo tempo, Deus criou você para expressar sua adoração por meio da linguagem corporal. A postura do corpo varia entre ficar em pé, sentar, ajoelhar, dançar. Certifique-se de que sua *linguagem vocal* não contradiga sua *linguagem corporal*. Seu corpo deve dizer a mesma coisa que sua voz, em adoração.

Uma das mais extremas posturas de adoração é a prostração. Algumas vezes quando a presença de Deus é particularmente evidente, deitar no chão é a única postura apropriada.

Uma das expressões de adoração mais populares é bater palmas. No entanto, as pessoas geralmente batem palmas ao final da canção, como se estivessem assistindo a uma apresentação. Bater palmas deveria sempre ser feito com significado, atitude e propósito direcionados a Deus. A Bíblia fala sobre bater palmas e nos mostra que isso tem poder e propósito.

"Batam palmas, vocês, todos os povos; aclamem a Deus com cantos de alegria!" (Salmo 47:1)

Outra expressão popular é levantar as mãos. Mais uma vez, quando você levantar as mãos, certifique-se de que está fazendo ao Senhor, e não porque é um hábito ou algo que se espera de você.

"Levantemos o coração e as mãos para Deus, que está nos céus." (Lamentações 3:41)

As Escrituras também dizem:

"louvem-no com tamborins e danças" (Salmo 150:4)

Em alguns círculos, movimentos de danças organizados são uma ênfase maior durante a adoração. Mesmo assim, eles podem se tornar rotina se feitos automaticamente, e não pelo coração. Se não existe louvor na dança, não é adoração. É a *devoção* no *movimento* que torna sua dança em adoração. Se você tem movimento sem devoção, não tem adoração, mesmo que você esteja dançando com graça e excelência. Você pode ter devoção sem movimento e sempre terá adoração. Percebeu o que é mais importante? Sempre se lembre de que é a *atitude* na *ação* que torna o que faz em adoração.

EXPRESSÕES MUSICAIS

Uma das expressões de adoração mais populares é a música. O significado e propósito primário da música é adorar a Deus. Em alguns momentos Deus nos ordena a usar instrumentos musicais em adoração a Ele.

"Louvem o Senhor com harpa; ofereçam-lhe música com lira de dez cordas. Cantem-lhe uma nova canção; toquem com habilidade ao aclamá-lo." (Salmo 33:2-3)

Você já notou que música na Bíblia frequentemente é alta? No Salmo 150:5-6, lemos:

"Louve-O com címbalos retumbantes (em alto

som); *louve-O com címbalos sonoros!"...*

O Salmo conclui com:

"Tudo o que tem vida louve o Senhor! Aleluia!"

A palavra para "louve" aqui é *halal*, que significa "brilhar. Fazer um show, ostentar, a ponto de parecer um tolo".[xvii] Eu acho que nenhum de nós chega perto de louvar dessa forma, mas deveríamos.

PÚBLICO E PRIVADO

Deixe-me esclarecer que a dinâmica da adoração pública é drasticamente diferente da dinâmica da adoração privada. Algumas expressões são ótimas para a adoração privada, e, mesmo assim, distraem você quando usadas em público. Para aqueles radicais, que acham que têm de fazer algo em determinado momento, façam em casa perante o Senhor. No culto público, considere os outros antes de si mesmo, tentando não incomodar, tentando manter seu culto autêntico.

> *"Procurem crescer naqueles que trazem a edificação para a igreja (...) Quando vocês se reúnem (...) Tudo seja feito para a edificação da igreja (...) Mas tudo deve ser feito com decência e ordem" (1 Coríntios 14:12, 26, 40)*

UM UNIVERSO DIVERSIFICADO

Deus gosta da diversidade. O universo é diversificado

com cores diferentes, sons diferentes, diferentes ritmos, estações e espécies de animais. O Criador os fez a todos. O Criador gosta deles todos. Da mesma forma, Ele gosta de adoração diversificada, com mistura de diferentes personalidades, pessoas, culturas, estilos, expressões e vocabulários. Não existe uma forma particular, uma expressão ou estilo musical de que Ele goste mais do que de outro. Ele gosta de tudo – da sua canção e da minha. Não existe expressão de adoração que Ele ama mais. Ele habita em cada canção pessoal, espontânea e vertical. [xviii] Ele recebe tudo, e nós também deveríamos.

A adoração nos céus não é uniformizada, com todos adorando da mesma forma. Ela une Deus e Seu povo, céus e terra, tempo e eternidade, gostos individuais e estilos culturais.

Se apenas um ou dois estilos fossem aceitos pelo Senhor, Ele teria de se desculpar com todas aquelas culturas ao redor do mundo e através da história que O têm adorado com diferentes sons e instrumentos. Toda adoração é boa a Deus, se ela é honesta e sincera.

Então, veja: embora todos nós tenhamos diferentes métodos de expressar nossa adoração, a paixão por Deus é o centro de tudo. Seu relacionamento apaixonado com Deus é a fonte de onde suas expressões de adoração fluem. Deixe seu amor por Deus encontrar novas formas de se expressar.

ME DIGA...

Quais expressões de adoração você prefere? Quais expressões são mais difíceis para você usar em sua adoração? Existem algumas expressões que você gostaria de usar em sua adoração? De que formas você adora no privado, mas não em público? Por que você acha que expressar sua adoração algumas vezes pode ser estranho e difícil? Sua adoração será diferente como resultado de contemplar o jeito como adoramos? Como você expressará sua adoração de forma diferente?

ORE COMIGO...

Pai Celestial,

O Senhor merece a maior e mais grandiosa adoração. Eu sei que tenho segurado minha adoração a Ti.

Em alguns momentos eu tenho desenhado uma linha na areia e dito que não vou além em minhas expressões.

Mas eu quero te adorar de uma forma que Te agrada.

Capacita-me com Teu Espírito Santo a adorar em um nível mais alto de expressão.

Eu agradeço Tua paciência comigo enquanto eu aprendo a ser mais expressivo em minha adoração.

Em nome de Jesus, amém.

CAPÍTULO 7

O QUE DEUS DIZ SOBRE ADORAÇÃO

"E importa que Seus adoradores O adorem em espírito e em verdade." – Jesus

"Ele (Jesus) é o perfeito adorador; conhecendo Seu Pai perfeitamente, em total submissão, sem nenhuma interrupção."
– Harold Best

Você já considerou como Deus quer ser adorado? O que O agrada?

YAHWEH FALA SOBRE ADORAÇÃO

A primeira vez em que Deus menciona adoração nas Escrituras é em Gênesis 22:1-2:

> *"Passado algum tempo, Deus pôs Abraão à prova, dizendo-lhe: Abraão! Ele respondeu: Eis-me aqui. Então disse Deus: Tome seu filho, seu único filho, Isaque, a quem você ama, e vá para a região de Moriá. Sacrifique-o ali como holocausto num dos montes que lhe indicarei."*

O pedido de Deus foi difícil: matar o filho como um sacrifício a Ele. Alguém poderia pensar que é contrário à natureza de Deus pedir que uma pessoa mate outra, pois Ele mesmo não diz "Não matarás"?

Mas veja a resposta de Abraão:

> *"No terceiro dia de viagem, Abraão olhou e viu o lugar ao longe. Disse ele a seus servos: Fiquem aqui com o jumento enquanto eu e o rapaz vamos até lá. Depois de* adorarmos, *voltaremos." (Gênesis 22:4-5)*

Algumas pessoas pensam que adorar é cantar uma canção lenta. O que Abraão estava realmente dizendo aqui? "O garoto e eu vamos até ali e cantaremos uma canção lenta"? Eu acho que não! A história de Abraão é um ponto chave sobre os pensamentos de Deus no que se refere à adoração. Continuemos lendo:

> *"Então estendeu a mão e pegou a faca para sacrificar seu filho. Mas o Anjo do Senhor o chamou do céu: Abraão! Abraão! Eis-me aqui, respondeu ele. Não toque no rapaz, disse o Anjo. Não lhe faça nada. Agora sei que você teme a Deus, porque não me negou seu filho, o seu único filho." (Gênesis 22:10-12).*

No Antigo Testamento, sacrifícios tinham de ser com o melhor que o povo tinha. Abraão ofereceu o melhor que tinha – seu filho. Os sacrifícios não poderiam ter defeito. Abraão e Isaque não demonstraram uma atitude negativa. Deus se deleita em sacrifícios puros. Nós devemos dar a Deus nosso melhor e nossa primícia em obediência, mesmo quando não entendemos.

Abraão obedeceu a Deus e estava disposto a ir até o final. Ele demonstrou uma forte fé em Deus, sabendo que Ele, de alguma forma, traria provisão.

Adoração envolve sacrifício e obediência. Gary Oliver uma vez disse: "O melhor louvor não é adoração. Mas obediência." [xix]

Deus disse a Abraão: "Agora eu vejo que temes a Deus". Nossa adoração deve ter temor – profunda reverência e respeito – do Senhor. Quando você é muito informal em suas atitudes para com Deus, sua adoração não é o que deveria ser. Venha diante dEle e...

"... adoremos a Deus de modo aceitável, com reverência e temor, pois o nosso Deus é fogo consumidor!" [xx]

JESUS ENSINA SOBRE ADORAÇÃO

João, um jovem discípulo de Jesus, citou o que Jesus ensinou sobre adoração àquela mulher samaritana:

"Mas chegará o momento — na verdade, já chegou — em que não importará como vocês são chamados ou onde irão adorar. O que conta para Deus é quem você é e como vive. Seu culto deve envolver o seu espírito na busca da verdade. Este é o tipo de gente que o Pai está procurando: aquele que é simples e honesto na presença dEle, em seu culto." (João 4:22-23 A Mensagem)

Você pode estar mais familiarizado com a frase dita dessa forma:

"Deus é Espírito, e importa que os Seus adoradores O adorem em espírito e em verdade." (João 4:24)

Jesus ensinou essas duas simples verdades – adoração em espírito e em verdade. Ele enfatizou que adoração deve envolver o seu espírito e o Espírito Santo. Se não, você, provavelmente, não está adorando. Muitas pessoas pensam que adoraram porque cantaram a canção que o líder estava cantando. Adoração não é uma produção, um arranjo musical ou um culto. Adoração é "a resposta do Espírito Santo em nós ao Espírito nEle, pelo qual nós respondemos, 'Abba, Pai', profundidade chamando profundidade." [xxi]

Os *verdadeiros adoradores* são aqueles que verdadeira e sinceramente adoram a Deus – aqueles que adoram com o coração, e não meramente na forma ou com ações externas. *Verdade* significa *"autenticidade"*. É o genuíno oposto ao falso ou fingido. Você pode ser um falso adorador se não estiver adorando verdadeira e honestamente.

A afirmação "em espírito" opõe-se à ordem do culto, cerimônias ou adoração externa. Refere-se ao engajamento do coração, da alma e da mente. A adoração espiritual acontece quando seu coração é oferecido a Deus.

Quando Jesus diz "em verdade", Ele está falando sobre ser real. Vem de uma raiz que significa "não esconder." [xxii] Adoradores genuínos são honestos em sua adoração. Eles não fingem ou agem de acordo com algo preestabelecido. Verdadeiros adoradores agem na plataforma da mesma forma que agem em casa. Atuar é esconder o real debaixo de fingimento. Não se permita ser hipócrita na adoração. Lembre-se, Deus lê não nossa *arte exterior*, mas as *intenções do nosso coração*.

Jesus nos dá duas razões pelas quais esse tipo de adoração deveria surgir. Primeira, *o Pai procura por ela* – procura, deseja essa adoração vinda de você. Em segundo lugar, Ele nos dá uma nova ordem de adoração. Jesus aboliu a ênfase exterior nas ações, formas e liturgia. O Pai quer adoração *espiritual e real*.

JESUS, O ADORADOR PERFEITO

Você já considerou a adoração na vida de Jesus? Ele adorou ao Pai quase todo o tempo – orando e louvando constantemente.

Houve muitas situações de adoração pela ocasião do nascimento de Jesus. Por exemplo, quando Maria cumprimentou Isabel, João, o bebê que Isabel estava carregando, dançou no ventre da mãe. Maria deu continuidade a esse encontro de adoração cantando profeticamente.[xxiii]

Outra situação foi o louvor e a adoração dos pastores na visitação do exército de anjos que desceram do céu cantando sua adoração.[xxiv] Outra, a visitação dos homens sábios do Oriente, que vieram e adoraram Jesus.[xxv] Quando Jesus foi trazido ao templo para ser dedicado, Simeão e Ana adoraram a Deus em canções espontâneas.[xxvi]

Enquanto Jesus crescia, continuava modelando uma vida de adoração. Geralmente, antes de uma refeição, Ele dava graças pela comida.[xxvii] Quando Ele tornou Seu ministério mais público, levou Seus discípulos a cantarem canções de adoração.[xxviii]

Como mentor e líder efetivo, Jesus deu forma à adoração para Seus discípulos. Lucas conta sobre quando Jesus adorou expressiva e extravagantemente.

"Naquela hora Jesus, exultando no Espírito Santo, disse: 'Eu te louvo, Pai, Senhor do céu e da terra...'" (Lucas 10:21).

A palavra "exultou" neste verso significa "pular de alegria excessiva"[xxix] Na frente de Seus discípulos, Jesus dançou e soltou um louvor espontâneo a Seu Pai. Ele não era conservador ou religioso, como alguns líderes. Jesus generosamente expressava Sua adoração livre ao Pai.

Jesus não apenas adorava extravagante e expressivamente, mas Ele encorajava outros a fazerem da mesma forma. Ele se opôs fortemente aos líderes religiosos que queriam barrar a exuberância da adoração dos Seus seguidores.

"Quando ele já estava perto da descida do monte das Oliveiras, toda a multidão dos discípulos começou a louvar a Deus alegremente, em alta voz, por todos os milagres que tinham visto. Exclamavam: Bendito é o rei que vem em nome do Senhor! Paz no céu e glória nas alturas! Alguns dos fariseus que estavam no meio da multidão disseram a Jesus: Mestre, repreende os teus discípulos! Eu lhes digo, respondeu ele, se eles se calarem, as pedras clamarão". (Lucas 19:37-40).

Jesus se opôs à restrição religiosa à adoração espontânea, que vem do coração. Se o redimido não louvar a Deus em alto e bom som, o mundo mineral vai fazê-lo. Foi assim que Jesus disse: "Se esses seguidores se calarem, então vocês vão ouvir as pedras cantarem! Deus terá uma adoração exuberante e expressiva!".

O APÓSTOLO PAULO INSTRUIU SOBRE ADORAÇÃO

Mais tarde, Paulo também encorajou os novos crentes em Filipos em sua adoração:

> *"Pois (...)* adoramos pelo Espírito de Deus, *que nos gloriamos em Cristo Jesus e* não temos confiança alguma na carne." *(Filipenses 3:3)*

Ao descrever como adorar, é interessante que Paulo não faz menção de música, arte ou ordem de culto. Ele diz que nós adoramos *no Espírito.* É muito importante notar que tanto Jesus quanto Paulo enfatizam a espiritualidade da adoração. Aqui está uma chave para a verdadeira adoração. Você deve adorar *em* e *pelo* Espírito Santo. A adoração deve ser sobrenatural – além do mundo natural da *arte* e das *ações* dos homens. Seu espírito e o Espírito Santo devem estar envolvidos, e o foco não são suas ações externas. O Espírito Santo ajuda e facilita sua adoração. Isso é muito mais do que elementos planejados e produzidos chamados de culto de louvor e adoração. Você pode expressar a si mesmo exteriormente e ter um culto de adoração planejado desde que seu coração e espírito estejam envolvidos.

PENSE NISSO

À luz do que você leu sobre o que Jesus e Paulo disseram, como você descreveria a *verdadeira* adoração?

Que importante aspecto da adoração Jesus enfatizou? O que significa adoração em verdade? Como você adora em *espírito*?

Onde você geralmente coloca sua confiança quando adora?

O que você fará para tornar sua adoração mais honesta?

Como você tornará o culto pré-planejado ou estruturado mais espiritual?

ORE COMIGO...

Gracioso Pai Celestial,

Obrigado pelas Tuas instruções sobre adoração dadas a nós.

Eu desejo que minha adoração seja real e honesta. Ajuda-me a não fingir ou atuar quando venho diante de Ti em adoração.

Mostra-me como adorar *em* e *com* o Teu Santo Espírito.

Eu não sei se sou muito bom em adorar, mas eu quero aprender.

Ensina-me a adorar em espírito e em verdade, não colocando a minha confiança em minhas habilidades ou preparo.

Em nome de Jesus, amém.

CAPÍTULO 8

O DNA DA ADORAÇÃO

"Quando eu adoro, prefiro que meu coração fique sem palavras, que minhas palavras fiquem sem coração."
– LaMar Boschman

"O coração é a casa das máquinas da nossa vida."
– Darlene Zschech

ABERTO E ESTRITO

Ao olhar mais de perto o que é adoração, nós rapidamente vemos que existem muitas descrições e definições. Adoração, em um senso mais aberto, inclui sua atitude para o Senhor. É o jeito que você vive sua vida, pinta um quadro, testemunha para alguém ou visita um doente. Adoração pode incluir cantar e tocar música para o Senhor, mas não é limitada a isso. Tudo isso são atos indiretos de adoração e encontram expressão em adoração e afeição ao nosso Salvador.

No entanto, em um sentido mais estrito, adoração é a expressão vertical das atitudes do seu coração quando ele está direcionado diretamente a Deus. Você pode cantar publicamente, tocar, e nem mesmo estar pensando no Senhor, e alguns poderiam chamar isso de "adoração". No entanto, quando seu coração se conecta com Deus, naquele momento, você está *diretamente* adorando-O com seu canto e música.

Então, partindo desta perspectiva, vamos explorar os aspectos não negociáveis da adoração.

TORNANDO REAL

Fundamental e estritamente, adoração não é cantar suas canções favoritas sem qualquer tipo de envolvimento do coração. Adoração está além da forma e ações exteriores. Quando os lábios não correspondem ao coração, não existe adoração. Jesus foi dolorosamente honesto quando disse:

"Este povo me honra com os lábios, mas o seu coração está longe de mim. Em vão me adoram." (Mateus 15:8-9a)

Outra forma de dizer isso é: se você não está realmente pensando no que está cantando, sua adoração é uma farsa.

ORAR AO TOCAR

A essência da adoração não é natural, mas sobrenatural. Adoração não é uma atividade *exterior*, mas uma atividade *interna*. Adoração é uma atitude orgânica, antes de ser expressada em uma ação. Adoração não é um *ato praticado*, mas uma atitude de *oração*. Ela não é formada por *ação*, mas por *atitude*.

Dizendo isso de outra forma: sua *atitude* em sua *ação* é que torna o que você faz em adoração. Por exemplo, para um dançarino, é a *devoção* no *movimento* que torna o movimento da pessoa em adoração. De outra forma, seria apenas uma performance artística. O ato de dançar não é em si mesmo adoração, mas meramente uma expressão de adoração. A devoção deve estar em seu coração para tornar seus movimentos em adoração a Deus.

Se você toca um instrumento musical, é o que você *ora* enquanto *toca* que torna essa música em adoração. É engajar o clamor do seu espírito e coração através da expressão do toque do seu violão. O mesmo princípio se aplica ao canto. Quando seu espírito clama a Deus em sua expressão de canto de uma canção, você está adorando. Sua *intenção* na sua *afinação* é o que torna o que você canta em canções de adoração. Você também pode aplicar isso ao levantar das mãos. Apenas levantar as mãos não significa que você está adorando. Quando você levanta as mãos *de coração*, isso traz significado ao levantar das mãos e torna esse ato uma expressão de adoração.

> *"Levantemos o coração e as mãos para Deus, que está nos céus (...)" (Lamentações 3:41)*

QUESTÃO DE CORAÇÃO

Seu coração, ou seu espírito, é a gênese da verdadeira adoração espiritual. Se a adoração não está em seu *coração*, ela não está em sua *arte*. A adoração deve estar em seu coração para ser real e autêntica. Ele livra sua adoração de ser *fingida* ou *pretensiosa*, que Jesus classificou como hipócrita, quando disse:

> *"(...) Bem profetizou Isaías acerca de vocês,* **hipócritas**; *como está escrito:* Este povo me honra com os lábios, mas o seu coração está longe de mim." (Marcos 7:6)

Você deve *realmente dar sentido* ao que faz quando o assunto é adoração, seja cantando, falando, tocando ou orando.

Você pode ter *atitude interior* sem ter *ação externa* e estar em adoração. Mas você não pode ter as *ações externas* sem a *atitude interior* e ter verdadeira adoração. O que dá integridade para a nossa adoração é a condição do nosso *coração*, não a condição de nossa *arte*. Outra forma de expressar isso é dizendo que adoração não é o *som da música*, mas o *som do coração*.

HORIZONTAL E VERTICAL

Assim como existem canções escritas sobre Deus e canções escritas *para* Deus, você pode honrar a Deus direta ou indiretamente. No entanto, quando você adora, expressa-se diretamente a Ele. Você está se direcionando a um público de Uma Pessoa e expressando seu coração a *Ele* pessoal e intimamente. Quando você fala ou canta *sobre* Ele, indiretamente, isso ainda O honra e O louva, mas não é tão pessoal. Um é horizontal, e o outro é vertical.

Por exemplo, eu posso falar a outros sobre minha esposa, louvar sua beleza e caráter. Isso é expressar adoração indiretamente. Mas não é verdadeiro elogio até que eu foque nela e olhe em seus olhos, expressando meu amor diretamente.

Direcionar sua afeição a Deus e olhar espiritualmente para Ele é essencial na verdadeira adoração. Se você olha somente na horizontal, e não *para cima*, pode perder grandes níveis de intimidade com Deus. Esta forma é primariamente impessoal e funcional, e você provavelmente não desenvolverá um maior relacionamento com Deus.

No entanto, adoração e afeição, focadas diretamente em Deus, resultarão em interação pessoal e desenvolvimento em seu relacionamento com Deus.

QUESTÕES DE PERFORMANCE

É correto concluir que tocar música para pessoas não é necessariamente adoração. Da mesma forma, cantar no *karaoke* das telas de projeção à frente da maioria das igrejas não é necessariamente adoração, mesmo que erroneamente as pessoas achem que sim, porque cantaram o que lhes foi pedido.

Considere abaixo esse quadro comparativo entre adoração e performance. Mantenha em mente que os termos são generalizações. No entanto, eles nos ajudam a ver o contraste.

ADORAÇÃO	PERFORMANCE
Interna	Externa
Vertical	Horizontal
Espiritual	Natural
Para Deus	Para o homem
Focada no coração	Focada na arte
Oração	Apresentação
Fé	Forma
Orgânica	Organizada
Simples	Complexa

Verdadeira adoração é mais *orgânica* que *organizada*, mais *profética* que *produzida*, mais *mística* que *metódica*, e mais *relacional* que *racional*. Planejar, produzir e ensaiar um culto não cria adoração, a menos que o coração conecte com o Senhor durante a atividade a ação.

DIFERENTE DE LOUVOR

Adoração e louvor não são a mesma coisa. Adoração é muito diferente de louvor de várias maneiras. Por exemplo, a Bíblia fala sobre *sacrifício de louvor*[xxx], mas não menciona um *sacrifício de adoração*, porque eles são diferentes. Você pode proclamar declarações de louvor em fé, apesar das suas circunstâncias, mas, quando você adora, você realmente tem de querer dizer aquilo. O sacrifício de louvor é *fruto dos lábios*, mas a adoração é *fruto do seu coração*.

"Por meio de Jesus, portanto, ofereçamos continuamente a Deus um sacrifício de louvor, que é fruto de lábios que confessam o seu nome." (Hebreus 13:15)

Adoração trata de atitude, amor e afeto. Louvor trata de proclamação e declaração. Você pode ter um coração orgulhoso e ainda assim proclamar a grandeza de Deus. Mas você não pode se aproximar do Senhor para adorá-lo com o espírito duro e orgulhoso porque

"... Deus se opõe aos orgulhosos, mas concede graça aos humildes." (Tiago 4:6)

CHEQUE OS SEUS MOTIVOS, NÃO OS DOS OUTROS

Como a adoração tem a ver com o coração, seus motivos desempenham um grande papel em determinar se sua adoração é honesta ou não. Ocasionalmente você deveria se perguntar: "Por que eu estou levantando minhas mãos?". Algumas vezes, você pode fazer isso por hábito ou porque todo mundo está fazendo. Talvez você esteja pensando sobre onde você vai comer depois do culto. No momento em que você tem esse pensamento, não está adorando mais, porque não está focado no Senhor.

Você já viu pessoas irem à frente da congregação expressar sua adoração e sentiu que algo não estava certo? Talvez, assim como eu, você tenha se perguntado quais eram os seus motivos. Talvez você tenha pensado consigo mesmo: "Se a adoração deles é para o Senhor, por que eles não vão lá pra trás? Deus pode vê-los em qualquer lugar. Eles estão ali para serem notados?".

Mantenha em mente que apenas o Senhor vê o nosso coração e sabe nossas verdadeiras motivações. Você pode apenas tentar adivinhar ou discernir pela aparência externa, e seu discernimento nem sempre está correto. Todos nós devemos ser cuidadosos em não julgar as experiências de adoração de outros. Cada um de nós é responsável por nossa *própria adoração*, não pela adoração de outras pessoas.

ADORAÇÃO PINTADA

Você sabia que, porque a adoração vem de dentro de você, seu espírito pode colori-la? Seu espírito é a atmosfera do seu coração. Algumas vezes, essa atmosfera cheira mal por causa da poluição do pecado, das atitudes negativas, ou por você estar centrado em si mesmo. Quando seu coração oferta adoração a Deus, o aroma do seu coração o segue. Então seu espírito pode embaçar tanto seu interior quanto seu exterior. Da mesma forma, seu espírito pode colorir sua adoração.

Por outro lado, se você orou, jejuou e leu a Palavra de Deus, permitindo que ela o lavasse antes de adorar, seu espírito pode ter uma atmosfera agradável e cheirosa. Essas disciplinas espirituais trazem transparência, que permite que o Espírito Santo seja visto e sentido em você. Você se lembra quando ouviu um artista cantar e sentiu o Espírito Santo? Você pode tê-lo chamado "ungido". O que você sentiu é o espírito e a essência de um adorador que tem um coração macio e piedoso por estar na presença de Deus. A atmosfera do seu espírito está encharcada com a fragrância de um coração doce e sincero que lhe permitiu sentir a presença do Espírito Santo.

PENSE NISSO

Então, após ler este capítulo, como você descreveria o DNA da sua adoração? Como você checa sua sinceridade e sua motivação quando adora? Como você pode dizer se sua adoração é vertical? O que você acha que torna uma pessoa ungida? O que você acha que um músico ou adorador deveria fazer se caírem numa atitude de performance quando o momento é de adorar?

ORE COMIGO...

Pai Celestial,

O Senhor é o mais gracioso e amoroso Deus. Eu quero que minha adoração seja agradável a ti.

Convence-me das atitudes que negativamente afetam meu espírito.

Eu serei rápido para arrepender e mudar a atmosfera do meu coração.

Eu quero que meu espírito seja puro e quebrantado.

Se eu sou como um cavalo selvagem e rebelde, amansa-me.

Que meu coração tenha o DNA da verdadeira adoração espiritual.

Em nome de Jesus, amém.

CAPÍTULO 9

CÉU

"Eu creio que anjos têm a capacidade de usar a música celestial.
Nos céus, nós seremos ensinados na linguagem e música do mundo
celestial."
— Billy Graham

"Eu oro para que nós tragamos o som dos céus para a terra."
— Darlene Zschech

ADORAÇÃO PERFEITA

Quando exploramos os mistérios da adoração, é importante considerar como ela é no reino celestial. Nos céus, a adoração ocorre contínua e absolutamente perfeita. Ela é exatamente como Deus quer que seja. A adoração nos céus não é influenciada ou afetada por preferências ou coisas terrenas. A presença do maligno, a proliferação do pecado e a maldição não têm nenhum efeito sobre a adoração ali. Ela surge de atitudes que são genuínas e puras. Essa adoração flui através de corpos celestiais em expressões que são requintadas e apropriadas.

O ASSENTO SUPREMO

Algumas pessoas tiveram um relance dos céus e descreveram o que viram e ouviram. João, o discípulo mais jovem de Jesus, é uma delas. Enquanto estava em prisão na ilha da Patmos, ele teve uma visão e a descreveu no livro de Apocalipse.

João disse que olhou para cima e notou uma porta aberta, nos céus. Uma voz disse a ele:

"Suba para cá, e lhe mostrarei o que deve acontecer depois dessas coisas..." (Apocalipse 4:1)

A primeira coisa que João viu foi um trono. Nos céus – à frente e no centro – não está um artista adorador, um líder de adoração, ou qualquer líder cristão. Há somente um trono e o Cordeiro.

"Imediatamente me vi tomado pelo Espírito, e diante de mim estava um trono no céu e nele estava assentado alguém." *(Apocalipse 4:2)*

O trono é o centro de tudo: céus e terra, tempo e eternidade, todo o espaço e a infinidade, o passado, o presente e o futuro. É nesse assento mais altamente estimado que todas as coisas se focam. Todas as estradas, de seres terrenos e celestiais, terminam nesse trono.

No trono se assenta o Senhor dos céus e da terra – seu Pai Celestial – sem limites para Seu poder, perfeito em conhecimento e incessante em criatividade. A adoração diante do trono não é sobre o homem e sua arte musical. Dançarinos, músicos e cantores não se colocam à frente usando seus talentos para te inspirar a adorar. Todos nós estaremos com a face curvada perante o Onipotente, sem fôlego com aquilo que veremos e ouviremos dEle.

Um pouco depois, João descreveu Jesus como o Cordeiro e notou Sua proximidade com o trono.

"Então vi um Cordeiro, que parecia ter estado morto, de pé, no centro do trono, cercado pelos quatro seres viventes e pelos anciãos. Ele tinha sete chifres e sete olhos, que são os sete espíritos de Deus enviados a toda a terra." *(Apocalipse 5:6).*

O trono e o Cordeiro devem sempre estar no meio de sua adoração. É absolutamente essencial que o Soberano Senhor e Seu Filho sejam o centro de nossas letras, nossas orações e nossos sermões. Deus é o foco de toda a nossa adoração.

CANÇÕES CELESTIAIS

Nenhum estilo de adoração se sobressai a outro nos céus. Não há debate sobre preferências pessoais. Ninguém lá diz: "Por que nós não cantamos mais hinos?" ou "Eu não gosto dessas canções!". Nos céus, não há guerrinhas de estilo de adoração com corações teimosos buscando por atenção ou promovendo seus estilos e preferências. Apenas um está assentado no trono, e o que Ele quer será feito.

Há um pentecoste de música nos céus porque Deus se deleita na variedade. Ele não gosta de mesmice, mas de diversidade. Nós sabemos que temos muitos estilos musicais nos céus porque João disse que viu

"... uma grande multidão que ninguém podia contar, de todas as nações, tribos, povos e línguas, de pé, diante do trono e do Cordeiro, com vestes brancas e segurando palmas." (Apocalipse 7:9).

Continuando a descrever a adoração nos céus, João mencionou o tipo de canções que ouviu:

"Vi (...) os que tinham vencido a besta (...) e cantavam o cântico de Moisés, servo de Deus, e o cântico do Cordeiro (...)" (Apocalipse 15:2-3).

Não fica claro se as letras que usavam eram do

cântico de Moisés ou do cântico do Cordeiro. Mas as letras das canções são

"Grandes e maravilhosas são as tuas obras, Senhor Deus todo-poderoso. Justos e verdadeiros são os teus caminhos, ó Rei das nações." (Apocalipse 15:3)

Existe um certo tipo de canção que é perpetuamente cantado nos céus. Ele é chamado de "novo cântico".

"Eles cantavam um cântico novo diante do trono, dos quatro seres viventes e dos anciãos. Ninguém podia aprender o cântico, a não ser os cento e quarenta e quatro mil que haviam sido comprados da terra..." (Apocalipse 14:3). xxxi

Esses cânticos novos são canções espontâneas que nunca foram cantadas antes. Enquanto nós contemplarmos as perfeições de Deus, vamos ao mesmo tempo traduzi-las em expressões musicais frescas.

MÚSICOS CELESTIAIS

Quase todo mundo nos céus é um músico que toca e canta em adoração. Porque não somente os cento e quarenta e quatro mil tocam e cantam, mas também os quatro seres viventes, os vinte e quatro anciãos, todos os vitoriosos e todos os anjos de Deus.

"Vi algo semelhante a um mar de vidro misturado com fogo, e, de pé, junto ao mar, os que tinham vencido a besta, a sua imagem e o número do seu nome. Eles

seguravam harpas que lhes haviam sido dadas por Deus." *(Apocalipse 15:2)*

INSTRUMENTOS MUSICAIS NOS CÉUS

Existem instrumentos musicais nos céus sendo tocados perante o trono de Deus. João diz:

"Ao recebê-lo, os quatro seres viventes e os vinte e quatro anciãos prostraram-se diante do Cordeiro. Cada um deles tinha uma harpa e taças de ouro cheias de incenso, que são as orações dos santos; e eles cantavam um cântico novo..." *(Apocalipse 5:8-9a)*

Posteriormente, João disse:

"Ouvi um som do céu como o de muitas águas e de um forte trovão. Era como o de harpistas tocando suas harpas." *(Apocalipse 14:2).*

É interessante que não existe menção de percussão ou instrumento de sopro sendo usados na adoração nos céus. Temos os trompetes de julgamento. No entanto, ligados à adoração, a Bíblia claramente menciona que quase todos tocavam instrumentos de cordas.

ORDEM DE ADORAÇÃO NOS CÉUS

João também descreveu a posição dos adoradores enquanto adoravam. Era quase como se houvesse um estádio de forma circular, só que maior e mais glorioso:

"ao redor do qual estavam outros vinte e quatro tronos, e assentados neles havia vinte e quatro anciãos. Eles estavam vestidos de branco [...] Diante dele estavam acesas sete lâmpadas de fogo, que são os sete espíritos de Deus. Também diante do trono havia algo parecido com um mar de vidro, claro como cristal. No centro, ao redor do trono, havia quatro seres viventes cobertos de olhos, tanto na frente como atrás." (Apocalipse 4:4-6)

Os quatro seres viventes (um símbolo de líderes) adoraram diante do trono. Perto ou atrás deles estavam vinte e quatro anciãos, e atrás deles um número incalculável de anjos. Na frente do trono se espalha o mar de cristal de músicos adoradores. É um número tão grande de violonistas que eles não podem ser contados.

O MODO DE ADORAR NOS CÉUS

As expressões de adoradores nos céus são extremas, com demonstrações constantes de obediência Àquele que se assenta no trono.

"os vinte e quatro anciãos se prostram diante daquele que está assentado no trono e adoram aquele que vive para todo o sempre. Eles lançam as suas coroas diante do trono..." (Apocalipse 4:10)

Eles não apenas caem no chão em humilhação e reverência, mas também tiram suas coroas e as colocam aos pés do trono. Quando você vem em adoração, coloca todos os seus troféus de conquistas, vitórias e sucesso aos pés de Jesus. Você vem sem nenhum mérito próprio. Vem reconhecendo que Yahweh é o Rei Supremo, todos os outros reis do Seu domínio se prostram em obediência perante Ele e colocam os símbolos de seus reinos aos Seus pés. Eles sabem que toda a sua autoridade e bênção vêm dEle. Nenhum de nós tem mérito suficiente ou talento para vir e ministrar perante Ele. Nós simplesmente entregamos em total submissão a Ele. Esse ato de adoração continua incessantemente nos céus.

A adoração nos céus é alta e prolongada. Se isso não te parece legal, pondere duas coisas.

Primeiramente, você não estará nesse corpo terreno, mas num corpo celestial, que tem diferentes habilidades e capacidades; você será capaz de criar e ouvir sons diferentemente do que você ouve agora. Você será capaz de cantar por milhares de anos e não ter de comer ou dormir para recarregar as baterias.

Em segundo lugar, todo mundo estará também cantando em alto e bom som, por todo o sempre. Se você não estiver, estará fora e será vergonhoso, porque as pessoas poderão pensar: "Talvez ele não quisesse estar aqui!"

Isso é o que João vê nos céus:

"Então olhei e ouvi a voz de muitos anjos, milhares

*de milhares e milhões de milhões. Eles rodeavam
o trono, bem como os seres viventes e os anciãos, e
cantavam em alta voz: 'Digno é o Cordeiro que foi
morto de receber poder, riqueza, sabedoria, força,
honra, glória e louvor!'"* (Apocalipse 5:11-12)

Os estudiosos dizem que as frases que são citadas
no livro de Apocalipse são chamadas de cânticos por causa
da natureza de como se direcionam a Deus. (Na verdade, a
maior parte das passagens referem-se à fala, não ao canto,
especialmente quando aludindo aos seres angelicais. No
entanto, o termo usado para "falar" é consistente com
"cantar", então, nós podemos entender assim também.)[xxxii]

Novamente, João descreve a adoração em alto
volume.

*"Depois disso olhei, e diante de mim estava uma
grande multidão que ninguém podia contar, de todas
as nações, tribos, povos e línguas, de pé, diante do trono
e do Cordeiro, com vestes brancas e segurando palmas.
E clamavam em alta voz: 'salvação pertence ao nosso
Deus, que se assenta no trono, e ao Cordeiro'. Todos
os anjos estavam de pé ao redor do trono, dos anciãos
e dos quatro seres viventes. Eles se prostraram com o
rosto em terra diante do trono e adoraram a Deus."*
(Apocalipse 7:9-11)

Note, esses adoradores estão vestidos de branco —
símbolo de pureza. Você e eu devemos nos aproximar de

Deus com corações arrependidos pedindo a Ele que nos limpe de nossos pecados. Todos perante o trono se prostram para honrar e adorar o Soberano – Senhor Poderoso.

O QUE VOCÊ ACHA?

Como a adoração celestial é diferente da terrena? Como você descreveria a adoração nos céus para um estranho?

Você acha que devemos adorar na terra como eles adoram no céu? Se sim, o que nós devemos mudar para tornar nossa adoração mais similar à celestial?

Como saber a forma que a adoração ocorre nos céus vai impactar você e a forma como você adora, daqui para a frente?

Seja qual for seu papel na adoração, o que você pode melhorar para alinhar a si mesmo com o tipo de adoração descrita em Apocalipse?

ORE COMIGO...

Pai Celestial,

Quando eu olho para Tua Palavra e vejo relances dos céus, eu fico maravilhado e estupefato.

Eu vejo uma adoração perfeita e percebo como minha adoração está longe de ser o que deveria.

Mostra-me como e o que mudar para que minha adoração na terra seja mais parecida com a dos céus.

Move minha vida e meu coração, pelo Teu Espírito Santo, para tornar minha adoração mais do jeito que o Senhor quer.

Eu te peço isso em nome de Jesus, amém.

CAPÍTULO 10

A PRESENÇA

"Podemos até ignorar, mas não temos como escapar para lugar algum da presença de Deus. O mundo está repleto dele. Ele anda incógnito por todo lugar."
– C. S. Lewis, Cartas para Malcolm

"Não venha à presença de Deus para impressioná-Lo com algo que Ele deu a você!"
– T. D. Jakes

A FORÇA ESTÁ COM VOCÊ

O segredo vazou: há uma conexão entre louvores musicais e a presença de Deus. Quando nós adoramos em música, a presença de Deus se manifesta em nosso meio. Centenas de milhares de cristãos estão descobrindo o poder da presença de Deus em suas vidas enquanto adoram ao Senhor particular e publicamente.

EM TODO LUGAR, EM TODO O TEMPO

Deus está em todo lugar porque Ele é onipresente. Ele enche a terra e os céus, no presente, passado e futuro, tudo ao mesmo tempo. Uma pessoa não pode nem mesmo deixar e retornar para a presença de Deus. Ele está sempre ali.

Ainda assim, a Bíblia nos diz que, quando Adão e Eva pecaram, eles...

> *"Ouvindo o homem e sua mulher os passos do Senhor Deus, que andava pelo jardim quando soprava a brisa do dia,* esconderam-se da presença do Senhor Deus *entre as árvores do jardim." (Gênesis 3:8)*

SOB A FACE DE DEUS

Se Deus está absolutamente em todo lugar, como alguém pode se esconder de Sua presença? Deve haver uma outra dimensão de Sua presença. A palavra hebraica para "presença" aqui significa "sob ou à face". É o maior nível de intimidade. Quando nós estamos à face de alguém, é um lugar de vulnerabilidade e intimidade.

Adão e Eva sempre foram visitados por Deus, quando Ele vinha até eles. Eles provavelmente costumavam correr para encontrá-lo, mas neste dia em que eles pecaram, como resultado, esconderam-se. O pecado deles os tornou *autoconscientes* e *conscientes do pecado*, e não quiseram se aproximar de Deus. O pecado vai tirar seu desejo de estar sob a face de Deus.

Como resultado, Adão e Eva se esconderam da *face de Deus*, atrás das árvores do jardim. Mas se essa presença fosse tocante à onipresença de Deus, Ele estaria ali entre as árvores, e o casal não se esconderia dEle. Estamos falando de um outro nível da presença de Deus. É o que os estudiosos chamam de "presença manifesta".

TANGÍVEL E TOCÁVEL

A presença manifesta de Deus é um aspecto não usual que é revelado em algum lugar ou momento. Essa dimensão da presença de Deus é Sua *presença revelada*. É a sua essência evidente: Ele se torna visível e discernível. Embora Deus esteja em todo lugar, Ele não está sempre evidente em todo lugar. A presença manifesta é a essência tocável e tangível de Deus.

Todos os cristãos têm acesso a essa presença íntima de Deus, mas alguns não sabem como encontrá-la.

ENCONTRANDO SUA PRESENÇA

Muitos crentes pensam que Sua presença está evidente apenas quando Ele decide revelar a Si mesmo. No entanto, existe um maravilhoso segredo que Deus quer que conheçamos – você pode se achegar à presença de Deus a qualquer hora, em qualquer lugar. A consciência do esplendor, essência e poder de Yahweh serão conhecidos em toda a terra:

> *"E a terra se encherá do conhecimento da glória do Senhor, como as águas enchem o mar." (Habacuque 2:14)*

Na verdade, as Escrituras encorajam e ordenam que você busque a presença de Deus:

> *"Agora consagrem o coração e a alma para buscarem o Senhor, o seu Deus." (1 Crônicas 22:19)*

> *"Recorram ao Senhor e ao seu poder; busquem sempre a sua presença!" (Salmo 105:4)*

Como a palavra "presença" é muitas vezes traduzida como "na face", você pode estar perto da presença de Deus.

> *"Uma coisa peço ao Senhor, e a buscarei [insistentemente]: que eu possa habitar na casa do Senhor [em Sua presença] todos os dias de minha vida, para contemplar e me maravilhar na beleza*

[a doçura atraente e o amor delicioso] do Senhor..."
(Salmo 27:4 — traduzido livremente pelo tradutor
com base na versão Amplificada americana)

Requer esforço encontrar Deus em sua vida e em sua adoração:

"Buscar-me eis [como uma necessidade vital] e me achareis quando vocês me buscarem de todo o seu coração." (Jeremias 29:13 — traduzido livremente pelo tradutor com base na versão Amplificada americana)

Você deve ser proativo e buscar a presença de Deus. É essencial para um adorador ter paixão por Sua presença.

"pois quem dele se aproxima precisa crer que ele existe e que recompensa aqueles que o buscam." (Hebreus 11:6)

Quando você buscar a Deus, você O encontrará, quando persistentemente buscá-Lo.

ENTRANDO EM SUA PRESENÇA

Como você se aproxima de Deus? Como você entra em Sua presença? Onde é a porta?

Há muitos portais para a presença revelada de Deus. Um deles é uma canção:

"(…) entrem na sua presença com cânticos alegres." (Salmo 100:2)

O tipo de canto descrito aqui é com volume alto, triunfante e alegre. Esse louvor não é apenas musical, mas um tipo específico de canção – uma canção espontânea.

"Pôs um novo cântico na minha boca, um hino de louvor [tehillah] *ao nosso Deus." (Salmo 40:3)*

Essa canção é tão pessoal que vem diretamente de nossos corações como pão fresco que sai do forno. Esse é o tipo favorito de adoração do nosso Pai Celestial porque Ele habita ou Se revela nestas canções.

"Porém tu és santo, tu que habitas entre os louvores [tehillah] *de Israel." (Salmo 22:3 – Almeida Corrigida e Revisada Fiel)*

Em algumas versões, em vez da palavra "habitar", encontramos "entronizado", que significa "habitar ou sentar como juiz". Deus Se senta como Juiz e Rei neste louvor e torna Sua presença e autoridade evidentes. Quando nós cantamos o louvor, Deus revela o poder da Sua presença.

"Entrai pelas portas dele com gratidão, e em seus átrios com louvor." (Salmo 100:4)

Esse versículo encoraja a ir onde Deus está e nos diz como fazê-lo. A entrada são as ações de graças ou *todaw*.[xxxiii] *Todaw* é a palavra hebraica para um grupo grande de crentes que estão adorando verticalmente com mãos estendidas, como a congregação que se reúne no primeiro dia da semana para adorar.

Então, o versículo prossegue dizendo que devemos entrar em Seus átrios com louvor. Mas não é qualquer louvor; é *tehillah* [xxxiv] ou o canto espontâneo focado em Deus. Quando nós cantamos *para* Deus, nós temos acesso aos átrios do Rei.

Se você vive sua vida fora da presença revelada dEle, isso pode se tornar difícil e seco. Você rapidamente se torna como peixe fora da água, porque, como os pais da humanidade, Adão e Eva, nós fomos feitos para desfrutar da íntima presença de Deus.

DEIXE-ME PERGUNTAR...

Como você descreveria os dois níveis da presença do Senhor, se alguém te perguntasse? O que significa para você estar sob a face de Deus?

Como você pode entrar na presença de Deus a qualquer momento que quiser? O que você diria se alguém te perguntasse "Como eu posso encontrar a presença de Deus?"? Você já cantou um louvor "tehillah" antes? Se sim, o que aconteceu quando você cantou?

Como você buscará Sua presença de maneira diferente? Como o desejo pela Sua presença afetará sua vida? Como você vai entrar na presença revelada de Deus agora? Como você quer implementar "tehillah" em sua adoração? O que você espera?

ORE COMIGO...

Pai Celestial,

Eu desejo a Tua presença em minha vida mais do que tudo.

Coloca em mim uma paixão maior para buscar a Ti. Que meu coração queime, querendo conhecer a Tua presença.

Ajuda-me a não somente buscar a Tua face, mas também querer viver diante dela.

Eu quero que Tua presença seja minha casa, minha residência.

Espírito Santo, leva-me a níveis maiores da Tua presença, enquanto eu desfruto da atmosfera da Tua presença revelada, sempre Te adorando.

Isso eu peço em nome de Jesus, amém.

CAPÍTULO 11

ADORAÇÃO PÚBLICA

"Adoração é um encontro – vir à presença de Deus."
– Jack Hayford

"Igrejas adoradoras (...) buscam desenvolver uma adoração aberta ao sobrenatural, conscientes do mistério e comprometidas com a participação." – Robert Webber

A HABITAÇÃO

"Assim que já não sois estrangeiros, nem forasteiros, mas concidadãos dos santos, e da família de Deus; *edificados sobre o fundamento dos apóstolos e dos profetas, de que Jesus Cristo é a principal pedra da esquina; no qual todo o edifício, bem ajustado, cresce para templo santo no Senhor.* No qual também *vós juntamente sois* edificados para morada de Deus em Espírito." *(Efésios 2:19-22)*

O ENCONTRO

Todos os crentes que se reúnem e se relacionam em uma igreja local estão sendo formados em um templo espiritual no qual Deus quer habitar. Há um mandamento divino e uma bênção no ato de nos reunirmos *em Seu nome* como Corpo de Cristo em adoração. O autor da carta aos hebreus encoraja seus leitores:

"(...) Não deixemos de reunir-nos como igreja, segundo o costume de alguns, mas encorajemo-nos uns aos outros, ainda mais quando vocês veem que se aproxima o Dia. (Hebreus 10:25)

Todos aqueles que deram suas vidas a Cristo devem responder ao chamado sagrado de *congregar* para *celebrar* em adoração, tanto quanto *comunicar* a história de Deus horizontalmente e *comunicar-se* com Ele verticalmente.

Crentes em Jesus Cristo se reúnem para adorar, para edificar um ao outro e para testemunhar ao mundo.

OS SACRIFÍCIOS

Você se reúne com outros cristãos para celebrar a Cristo. Você não traz animais vivos para sacrificar em adoração, como Deus pedia que fosse feito na velha aliança. Debaixo da nova aliança da graça, nós oferecemos sacrifícios espirituais.

Como Pedro disse, nós somos

"utilizados como pedras vivas na edificação de uma casa espiritual para serem sacerdócio santo, oferecendo sacrifícios espirituais *aceitáveis a Deus, por meio de Jesus Cristo." (1 Pedro 2:5)*

O sacrifício espiritual que Deus aceita de você através de Cristo é o levantar de mãos, o cantar, o louvar, o ajoelhar-se, prostrar e orar. Estes sacrifícios se tornam espirituais quando nós engajamos nossos espíritos e o Espírito Santo.

É a atitude de coração que torna nossas ações externas em atos de adoração espiritual. Assim como o sacrifício de louvor – o fruto dos lábios – é espiritual quando seu coração está engajado, assim também é todo nosso cantar, orar, pregar e levantar de mãos.

Paulo instruiu os primeiros cristãos:

"Eu apelo a vocês, então, irmãos, e imploro em face

de todas as misericórdias de Deus, para fazerem uma decisiva dedicação de todos os seus corpos *[apresentando todos os seus membros e faculdades] como um* sacrifício vivo, *santo (devotado, consagrado) e agradável a Deus, que é o seu culto racional (razoável, inteligente), e* adoração espiritual. *(Romanos 12:1 – livre tradução da versão Amplificada americana)*

O CULTO DE ADORAÇÃO

Quando crentes se reúnem para adorar, um fenômeno sobrenatural ocorre – Jesus se junta a eles. Ele disse:

"Pois onde se reunirem dois ou três em meu nome, ali eu estou no meio deles". (Mateus 18:20)

Jesus se *junta* aos crentes que se reúnem em Seu nome, não por diversão, *karaoke*, café ou canto horizontal, mas para o propósito de adorar ao Pai. O autor da carta aos hebreus escreve:

"Vemos, todavia, (...) Jesus (...) Ele diz, 'Proclamarei o Teu nome a meus irmãos; na assembleia Te louvarei'. *" (Hebreus 2:9a, 12)*

Quando Jesus espiritualmente se junta aos crentes em Seu nome em adoração, Ele não vai à plataforma cantar com a equipe de louvor ou Se sentar com o pastor. Ele Se junta à congregação – a família de crentes. Isso revela o coração do nosso Supremo Pastor. Ele não está *distante*, mas *conectado*; não *superior*, mas *servo de todos*. Ele não chama atenção para Si mesmo, mas se mistura com os adoradores. Ele Se mistura conosco, para Se tornar um conosco. Ele é relacional e interativo.

Jesus valoriza o ato de nos engajarmos em espírito em canções. Quando Ele se junta à adoração da assembleia (dos "chamados"), Ele mesmo canta. Nosso salvador canta como o líder de um coral de adoradores que Ele redimiu.

É importante notar que Jesus não canta canções horizontais. Jesus canta somente para Um. Ele canta louvores ao Pai. Ele não canta *sobre* o Pai, mas Ele se junta em cânticos *ao* Pai. Jesus modela para você a adoração vertical.

OS PASTORES

Embora o líder de nossa adoração espiritual seja Jesus, nossos líderes humanos têm um papel importante também. É importante entender o papel da liderança na adoração. Esse entendimento vai ajudá-lo a engajar e conectar mais espiritualmente em adoração.

Líderes cristãos devem ser facilitadores de adoração. Eles não devem forçar, exigir ou exercitar suas vontades sobre o rebanho do Senhor. Como pastores, eles seguem o grande Pastor e o que Ele diz que devem fazer, liderando o rebanho do Senhor através de encorajamento, exemplo e com cuidado pastoral para águas tranquilas e pastos verdejantes na presença de Deus.

Os pastores da congregação são os adoradores encarregados. O restante da congregação tem a responsabilidade de *ser* adorador e viver na presença de Deus. Como Moisés fez, eles gastam tempo no monte, na presença de Deus. Quando falam como líderes, não fazem somente com o coração de pastor, mas com a confirmação da presença de Deus. A presença de Deus capacita líderes a falar, alimentar e cuidar do rebanho de Deus com discernimento espiritual. Então, eles devem viver em constante conexão com o Espírito Santo e com a presença manifesta de Deus.

O LÍDER DE ADORAÇÃO

Líderes de adoração são *engenheiros atmosféricos*. Como jardineiros paisagistas, eles mantêm a atmosfera correta (temperatura) no jardim (o culto). Alguns líderes de adoração criam o ambiente de uma performance ou produção nos cultos aos finais de semana. Eles não prepararam uma atmosfera dos seus corações e não criaram uma atmosfera espiritual de adoração no culto. Se o foco é colocado só na arte, na música e no programa planejado, então, o rebanho pode não estar *reunido em Seu nome*, e Jesus pode não se juntar ao encontro. Líderes de adoração devem focar em facilitar a adoração espiritual e no encontro resultante com Jesus.

A EQUIPE DO MINISTÉRIO DE ADORAÇÃO

A equipe de adoração também ajuda a facilitar a adoração da congregação. A partir do momento em que nós "entramos em Sua presença com cânticos" [xxxv], os músicos e cantores são os "ministros ajudadores" que dão a você canções, tons, ritmos e letras. Usando as ferramentas da música, a equipe ajuda a congregação a se conectar espiritualmente com Deus. A equipe de adoração não deve ser o foco da congregação. Seu propósito é levar o povo de Deus a Jesus e à Sua presença e, então, sair do caminho.

O foco do Senhor não é a equipe de adoração, mas a congregação. A equipe de adoração nunca deve querer estar bem aos olhos da congregação, mas procurar estar bem aos olhos do Senhor. Seus corações e espíritos devem estar bem preparados para facilitar a adoração espiritual através da oração e do jejum.

O ADORADOR

É responsabilidade de todo adorador seguir a liderança do Senhor em adoração ao mesmo tempo que segue seus líderes espirituais.

Paulo ensinou isso à Igreja primitiva, dizendo:

> *"Quando vocês se reúnem, cada um de vocês tem um salmo, ou uma palavra de instrução, uma revelação, uma palavra em língua ou uma interpretação." (1*

Coríntios 14:26a)

Todo mundo tinha algo com que queria contribuir. Ele estava dizendo a eles que preferissem um ao outro, esperando o momento certo. Então, acrescenta: *"Tudo seja feito para a edificação da igreja."* *(1 Coríntios 14:26b)*

Líderes não são o centro dos cultos de adoração – a congregação é. O Senhor se junta em adoração cantando com o povo. Nós deveríamos vir a todo culto público de adoração prontos para entrar em adoração, não dependendo do que a equipe de adoração vai cantar. Quer você goste ou não das canções, continue além da música e conecte-se com o Senhor. Seja consistente em sua vida de adoração pública e particular, engajando-se com Deus espiritualmente.

A CEIA

A mesa do Senhor pode ser um ponto alto de adoração. Nós não apenas celebramos, mas experimentamos uma reencenação da morte e ressurreição de Jesus Cristo. É uma dramatização da obra da salvação. Os adoradores ouvem, veem, experimentam e sentem o cheiro dos símbolos da morte de Cristo no pão e no vinho.

A adoração bíblica está enraizada em Cristo – a morte de Jesus, Seu sepultamento e ressurreição –, e deve ser celebrada e lembrada quando nos reunirmos. Quando você adora, celebra o que Cristo fez para redimir você e te trazer para um relacionamento com seu Pai Celestial. A Ceia deve ser um evento festivo, e não mórbido. Ela fala sobre o que Cristo fez por nós! Aleluia!

O CÂNTICO NOVO

Há um princípio chave que está conectado com a adoração espiritual e a presença de Deus. Como vimos anteriormente, esse princípio é o que o Antigo Testamento chama de "Louvor" ou *tehillah* (no hebraico). O Novo Testamento chama de "novo cântico" ou "cânticos espirituais".

Falando de Deus, o salmista diz:

> *"Pôs um* novo cântico *na minha boca, um hino de louvor ao nosso Deus." (Salmo 40:3)*

Essa é uma canção divinamente inspirada. Deus coloca uma canção fresca, original na sua boca. É essa canção que deveria ser cantada em sua maioria na adoração particular, mas pode ser cantada na adoração pública também. A liderança de louvor deveria facilitar espaços no arranjo e no tempo que permitissem a você cantar sua canção ao Senhor.

Um novo cântico é uma canção pessoal e original para você. Não é uma canção já escrita que você nunca ouviu antes, mas uma nova composição. A Bíblia instrui muitas vezes a que cantemos uma nova composição na vertical.

"Aleluia! Cantem ao Senhor uma nova canção, louvem-no na assembleia dos fiéis." (Salmo 149:1)

"Cantem-lhe uma nova canção; toquem com habilidade ao aclamá-lo." (Salmo 33:3)

Essa canção é espontânea, e você a compõe do seu coração para o Senhor. É a diferença entre expressar seu amor por seu cônjuge dando a ele um cartão com palavras de outra pessoa ou escrever um com suas próprias palavras. Um é legal, mas o outro é mais pessoal.

Muitos cristãos acham impessoal ler as orações de outras pessoas ao se comunicarem com o Senhor. Porém, nós lemos as letras de outras pessoas, projetadas, como se estivéssemos lendo as orações de outras pessoas.

Se você disser: "Eu quero orar com minhas próprias palavras", então também deveria dizer: "Eu quero *cantar* com minhas próprias palavras". Um nível mais profundo de adoração pessoal é cantar sua própria canção ao Senhor. É muito mais significativo e pessoal usar suas próprias palavras do que as palavras de compositores profissionais.

DEIXE-ME PERGUNTAR...

O que ocorre quando você se reúne com outros cristãos para adorar? Onde está Jesus durante a adoração?

Qual é o papel do líder de adoração e da equipe de adoração no culto público?

Quais sacrifícios espirituais você oferece a Deus?

Quais sacrifícios você gostaria de tentar oferecer na adoração pública que você ainda não tentou? Você já cantou um cântico novo? Se sim, o que significou para você?

APLICAÇÃO

Como você passará a ver o culto público de adoração de maneira diferente por causa deste capítulo? Como sua adoração pública será diferente? Como o cântico novo irá afetar sua adoração? Como você quer que a celebração da Ceia afete sua adoração?

ORE COMIGO...

Pai celestial,

Supremo Pastor do Seu rebanho,

Muitas vezes eu não dei o valor devido ao encontro do Seu povo. Eu não entendia o significado e o mistério da reunião pública de adoração, para encontrar a Tua presença.

Espírito Santo, ajuda-me a me engajar em verdadeira adoração com os crentes que tu colocaste ao meu lado.

Quando estamos juntos, Teu Filho se junta a nós, enquanto nós cantamos novas canções a Ti.

Coroa nossa adoração com Tua presença, enquanto nos reunimos no Teu nome e adoramos como um só corpo.

No nome de Jesus, amém.

CAPÍTULO 12

ADORADORES?

"Não deixe que a vida afete sua adoração; deixe que sua adoração afete sua vida."
— LaMar Boschman

"Eu fiz uma escolha de me alegrar no Senhor."
— Bob Fitts

Nós chegamos ao capítulo final e à questão final. Como saber se você é um adorador? Como você descobriu? Só porque você foi a um culto de adoração e se engajou nas atividades de adoração, não significa que você adorou. Da mesma forma, não é porque você esteve em um culto de adoração e participou da adoração que você se torna um adorador.

IDENTIDADE

Se alguém perguntar o que um professor faz da vida, ele provavelmente responderá: "Eu sou um professor". Ele diz que gasta a maior parte do seu tempo ensinando. Da mesma forma, você sabe que é um adorador quando o que você mais faz é adorar.

Adoradores não adoram somente aos finais de semana. Eles se conectam com Deus todos os dias. A adoração contínua é central na vida de um adorador. Um adorador oferece sacrifício de louvor a Deus *continuamente.*[xxxvi]

> *"Do nascente ao poente, seja louvado o nome do Senhor!" (Salmo 113:3)*

Celebração sem cessar, sem fim, e louvor perpétuo são as marcas de um adorador. Adoradores não esperam por circunstâncias perfeitas para adorar e não deixam que as circunstâncias do momento os afastem da adoração.

PRERROGATIVA E RESPONSABILIDADE

Se queremos ter um relacionamento significativo com Deus, nós devemos adorar. Nós não temos opção de escolher entre adorar ou não; ao invés disso, é nossa responsabilidade.

Paulo disse:

> *"Por isso, temos o propósito de lhe agradar, quer estejamos no corpo, quer o deixemos." (2 Coríntios 5:9)*

A atitude de nossa vida é fazer o que Deus espera de nós e procurar agradá-Lo.

Há uma canção na Bíblia que diz:

> *"Mesmo não florescendo a figueira, não havendo uvas nas videiras; mesmo falhando a safra de azeitonas, não havendo produção de alimento nas lavouras, nem ovelhas no curral, nem bois nos estábulos,* ainda assim eu exultarei no Senhor *e me alegrarei no Deus da minha salvação." (Habacuque 3:17-18)*

Embora eu não tenha nenhum centavo na poupança, e meu talão de cheques seja cancelado; embora a geladeira esteja vazia e eu tenha acabado de ser demitido, ainda assim eu adorarei e me regozijarei no Senhor. O primeiro passo para se tornar um adorador é adorar a despeito das circunstâncias.

CORAÇÃO, ALMA, FORÇA, MENTE

Seria razoável dizer que Deus quer intensidade espiritual em nossa adoração? Certamente Ele quer que sua adoração seja *a maior possível para o Grande Eu Sou*. Nosso Pai quer que você O adore com as quatro partes do seu ser – com todo o coração, a alma, a força e a mente (veja Lucas 10:27).

Adoradores que adoram de todo o coração são irracionais em sua adoração. Quando você O adora *com todo o seu coração*, você dá a Ele tudo. Você é excessivo e extravagante – extremamente generoso com seu tempo, sentimentos, atitudes e energia.

Em segundo lugar, Deus quer que você O ame com *toda a sua alma*. Como você pode fazer isso? Isso requer envolvimento das suas emoções.

> *"Bendiga [afetuosamente, com ações de graças] o Senhor, ó* minha alma; *e tudo o que está [no mais profundo] em mim, bendiga o Seu santo nome!"*
> *(Salmo 103:1 – versão amplificada Americana, traduzida livremente pelo tradutor)*

Você deve adorar a Deus com paixão profunda e emoção.

Deus fez você um ser emocional. Expressar emoções é natural. Quando seu coração transborda dentro de você e você "guarda" suas emoções, não está agindo naturalmente. Alguns de nós aprendemos que não devemos demonstrar nossas emoções em adoração pública. No entanto, a Bíblia ensina o contrário.

Assim como você não deve conter suas expressões emocionais com seu cônjuge, também não deve contê-las em adoração. Sua adoração deve ser experiencial, expressiva e emotiva. O Senhor se alegra com esse tipo de adoração.

Em terceiro lugar, você deve amar a Deus com *toda a sua força* – sua força corporal. Eu lembro quando

> *"Davi e todos os israelitas iam dançando e cantando* com todo o vigor *diante de Deus, ao som de harpas, liras, tamborins, címbalos e cornetas." (I Crônicas 13:8)*

Uau! Que tempo de adoração!

Em quarto lugar, o Senhor quer que nós O amemos com *toda a nossa mente.* Note a ordem das palavras em Lucas 10:27 – coração, alma, força e mente. A primeira é a mais importante. Você deve ter atitude de coração. A segunda e terceira são as formas como você expressa essa atitude. A última é "mente" – talvez a menos importante, ainda que uma parte importante de sua adoração a Deus seja usar seu intelecto para contemplar a Deus.

Quando você adora a Deus pensando em Seu caráter e atributos, isso impacta o seu espírito. Você vai se maravilhar ao pensar em quão grande Ele é. Adoradores que adoram com mente e coração são focados, conscientes de Deus e não são facilmente distraídos.

CONTAGIOSO

Adoradores também são contagiosos. Eles são dedicados a Deus, expressivos e transbordantes em amor. Quando as pessoas veem esse tipo de expressão a Deus, geralmente querem isso para elas mesmas! Adoradores contagiam a outros, criando neles uma fome por Deus e um desejo de estarem conectados com Ele como os adoradores estão.

Adoradores não precisam de avisos, ou uma "chamada para adoração", ou um líder de louvor encorajando-os a adorar. Eles podem adorar em qualquer lugar e em qualquer tempo porque *são* adoradores.

REIS E SACERDOTES

Você é chamado por Deus para ser rei e sacerdote para Ele. Como um sacerdote, você vem diante da Sua presença para servi-Lo. Como rei, você governa com a autoridade dEle.

> *"Tu os constituíste reino e sacerdotes para o nosso Deus, e eles reinarão sobre a terra."* (Apocalipse 5:10)

> *"(...) Ele que nos ama e nos libertou dos nossos pecados por meio do seu sangue, e nos constituiu reino e sacerdotes para servir a seu Deus e Pai. A ele sejam glória e poder para todo o sempre! Amém."* (Apocalipse 1:5-6)

QUEBRADO E PURO

O puro de coração verá a Deus. Nós nos tornamos puros de coração submetendo nosso coração ao Senhor. Ele deve quebrar nossos espíritos rebeldes para que haja pureza e honestidade na adoração de nossos corações.

O VEREDITO

Enquanto você explorava os mistérios da adoração nos capítulos deste livro, o Espírito Santo revelou a você do segredo das verdades espirituais da adoração. Eu oro para que você receba não apenas a revelação, mas o poder espiritual.

Agora, faça o teste. Onde você está? O que você tem de fazer para ser o adorador que Deus está procurando? De certa forma, você nunca se tornará o adorador perfeito porque não se trata de um *status*, mas de um relacionamento. Adoração não é aquisição de conhecimento ou diploma, é uma forma de viver e um relacionamento espiritual. No entanto, se você é como eu, você quer melhorar.

Esses são padrões muito altos para observarmos, e nós nem sempre os atingimos. Mas nosso alvo é agradar ao Senhor e dar a Ele o nosso melhor e mais alto louvor. Não desista; continue fazendo seu melhor ao bendizer e louvar Àquele que te criou e morreu por você.

TESTE A SI MESMO

Como você descreveria um adorador e suas

características para alguém? O que mais te impactou em tudo o que você estudou sobre o mistério da adoração? O que você fará de forma diferente para desenvolver-se como um adorador diante de Deus? Como sua vida, como adorador, será diferente como resultado do que você entendeu daquilo que discutimos? O que você está levando desse estudo de adoração?

ORE COMIGO...

Pai celestial,

Eu quero tanto ser um adorador expressivo e extravagante.

Eu quero Te dar a melhor e mais honesta adoração.

Equipa-me para ser um adorador que Te agrada.

Ajuda-me a ser um exemplo para outros que também desejam Te agradar em suas adorações.

Espírito Santo, move o meu coração para ser o adorador que o Pai está procurando.

Eu dou minha vida, meu coração e minhas afeições para Ti.

Enquanto Tu procuras ao redor do mundo por adoradores, que Tu possas me encontrar.

No nome de Jesus, amém.

CONECTE-SE

Mande-me um e-mail através do meu website www.lamarboschman.com e deixe-me saber como este livro lhe ajudou. Você também pode seguir minhas postagens em inglês no Facebook, LinkedIn, Twitter e YouTube.

REFERÊNCIAS

[i] Harold M. Best, Unceasing Worship (Downers Grove, IL: InterVarsity Press, 2003), 18.

[ii] O Salmo 115:4-8 também afirma o mesmo princípio.

[iii] Também Salmo 86:9.

[iv] Veja Deuteronômio 6:13; 10:20.

[v] A. W. Tozer, Worship The Missing Jewel Of The Evangelical Church (Camp Hill, PA: Christian Publications), 12.

[vi] Warren Wiersbe, Real Worship (Nashville, TN: Nelson, 1986), 17.

[vii] Matthew Henry's Commentary on the Whole Bible: New Modern Edition, Electronic Database. Copyright® 1991 by Hendrickson Publishers, Inc.

[viii] W. E. Vine, Vine's Complete Expository Dictionary of Old and New Testament Words (Nashville TN: Thomas Nelson Publishers, 1985), 686.

[ix] Judson Cornwall, Let Us Worship (South Plainfield NJ: Bridge Publishing, 1983), 66.

[x] Darlene Zschech, Extravagant Worship (Sydney: Hillsong Publishers, 2001), 11.

[xi] Cece Winans, Throne Room (Mobile, AL: Integrity Publishers, 2004), 49.

[xii] Brown-Driver Briggs, The New Brown-Driver-Briggs-Gesenius Hebrew-English Lexicon (Peabody, MA: Hendrickson Publishers), 991.

[xiii] Ibid., 992.

[xiv] Eugene H. Peterson, Christianity Today (April 4, 1994): 34.

xv Salmos 9:11; 32:11; 66:1; 95:2; 100:1; 107:22; 145:4, 6.

xvi Salmo 46:10.

xvii Strong's #1984.

xviii Tehillah; veja Salmos 22:3; 40:3.

xix Notas de Gary Oliver em uma conferência em Jacksonville, FL. Agosto de 1995.

xx Hebreus 12:28-29.

xxi International Standard Bible Encyclopedia, Banco de dados eletrônico. Copyright© 1996 by Biblesoft.

xxii Strong's #225 aletheia (al-ay'-thi-a) "verdade"; de Strong's #227 alethes (al-ay-thace'), de Strong's #1 (como uma particular negativa) e Strong's #2990, "verdadeiro (não escondendo)".

xxiii Lucas 1:39-55.

xxiv Lucas 2:13, 20.

xxv Mateus 2:10-11.

xxvi Lucas 2:25-32; 36-38.

xxvii João 6:11; Marcos 6:41.

xxviii Mateus 26:30.

xxix Grego agalliao (Strong's #21): exultar, regozijar com alegria excessiva, pular de alegria.

xxx Hebreus 13:15; Jeremias 33:11.

xxxi Veja também Apocalipse 5:9.

xxxii Leon Morris, The Revelation of St. John (Grand Rapids: Wm. B. Eerdmans, 1969), 100.

xxxiii Strong's #8426 towdah (to-daw'); de OT:3034; apropriadamente, uma extensão da mão, i.e. (por implicação) confissão, ou (usualmente) adoração; especificamente um coral de adoradores. (Biblesoft's New Exhaustive Strong's Numbers and Concordance with Expanded Greek-Hebrew Dictionary. Copyright © 1994, 2003 Biblesoft, Inc. and International Bible Translators, Inc.).

xxxiv OT:8416 tehillah (teh-hil-law'); de OT:1984; laudation; especificamente (concretamente) um hino (Biblesoft's New Exhaustive Strong's Numbers and Concordance with Expanded Greek-Hebrew Dictionary. Copyright © 1994, 2003 Biblesoft, Inc. and International Bible Translators, Inc.).

xxxv Salmo 100:2.

xxxvi Veja Hebreus 13:15.

www.ingramcontent.com/pod-product-compliance
Lightning Source LLC
Chambersburg PA
CBHW061721020426

42331CB00006B/1036